AF140464

Bernhard Schmid

Einer neüen Tabulatur auff Orgel und Instrumenten

Bernhard Schmid

Einer neüen Tabulatur auff Orgel und Instrumenten

ISBN/EAN: 9783743416437

Hergestellt in Europa, USA, Kanada, Australien, Japan

Cover: Foto ©Thomas Meinert / pixelio.de

Manufactured and distributed by brebook publishing software
(www.brebook.com)

Bernhard Schmid

Einer neüen Tabulatur auff Orgel und Instrumenten

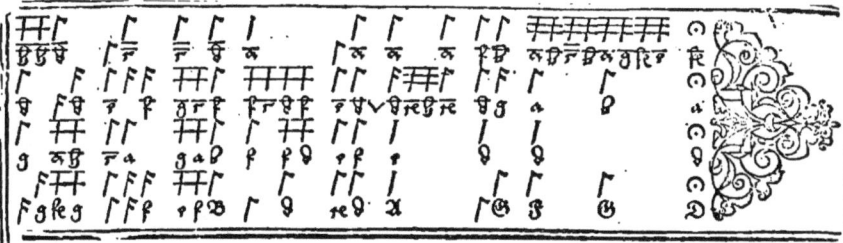

Ende des Ersten Thails dises
Tabulatur Buches / In=
halten d Muteten von
sechs / fünf vnd
vir Stimmen.

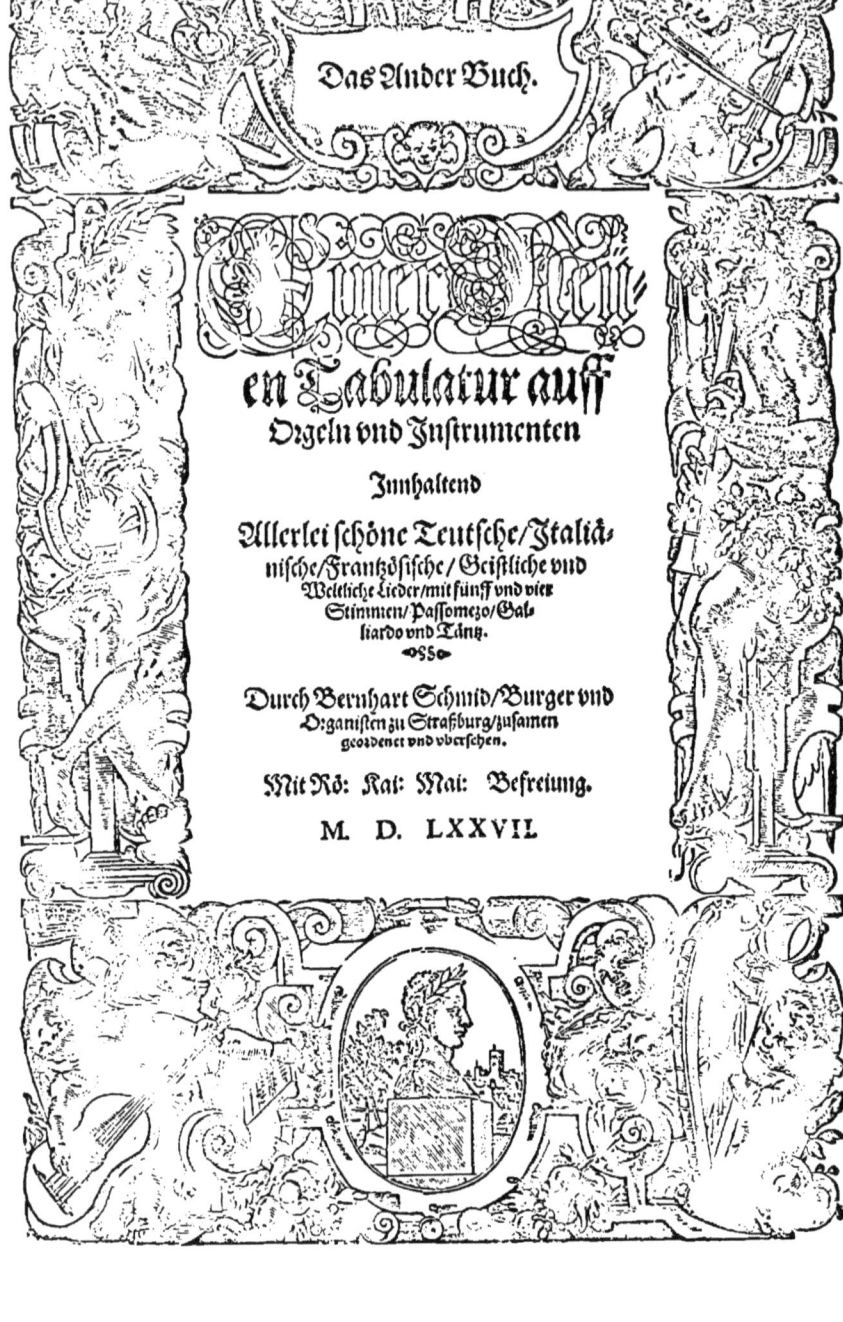

Das Ander Buch.

Einer Neu-
en Tabulatur auff
Orgeln vnd Instrumenten

Innhaltend

Allerlei schöne Teutsche/Italiä-
nische/Frantzösische/Geistliche vnd
Weltliche Lieder/mit fünff vnd vier
Stimmen/Passomezo/Gal-
liardo vnd Täntz.

Durch Bernhart Schmid/Burger vnd
Organisten zu Straßburg/zusamen
geordenet vnd vbersehen.

Mit Rö: Kai: Mai: Befreiung.

M. D. LXXVII.

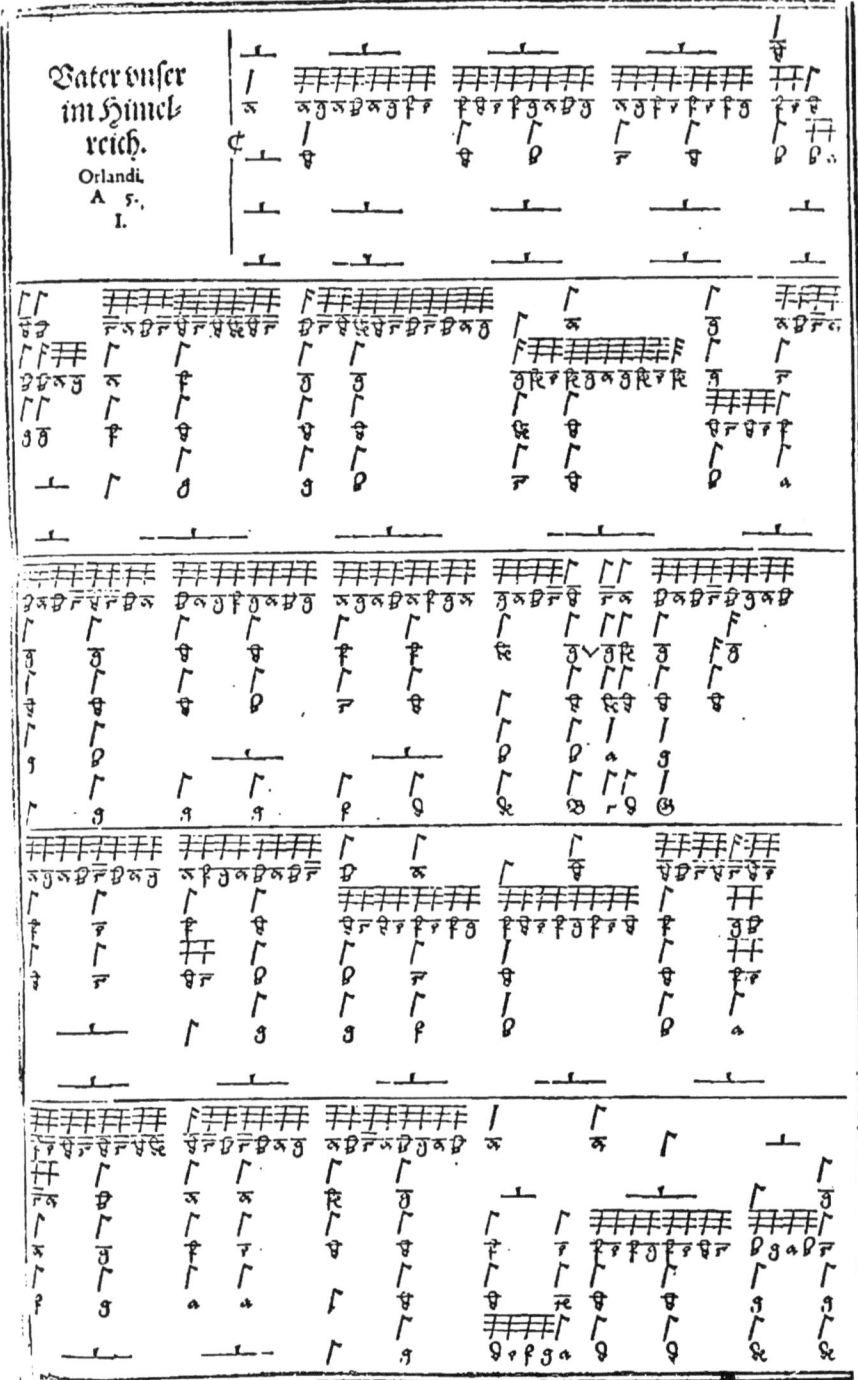

Vater vnser
im Himel-
reich.

Orlandi.
A 5.
I.

THE LIBRARY
BRIGHAM YOUNG UNIVERSITY

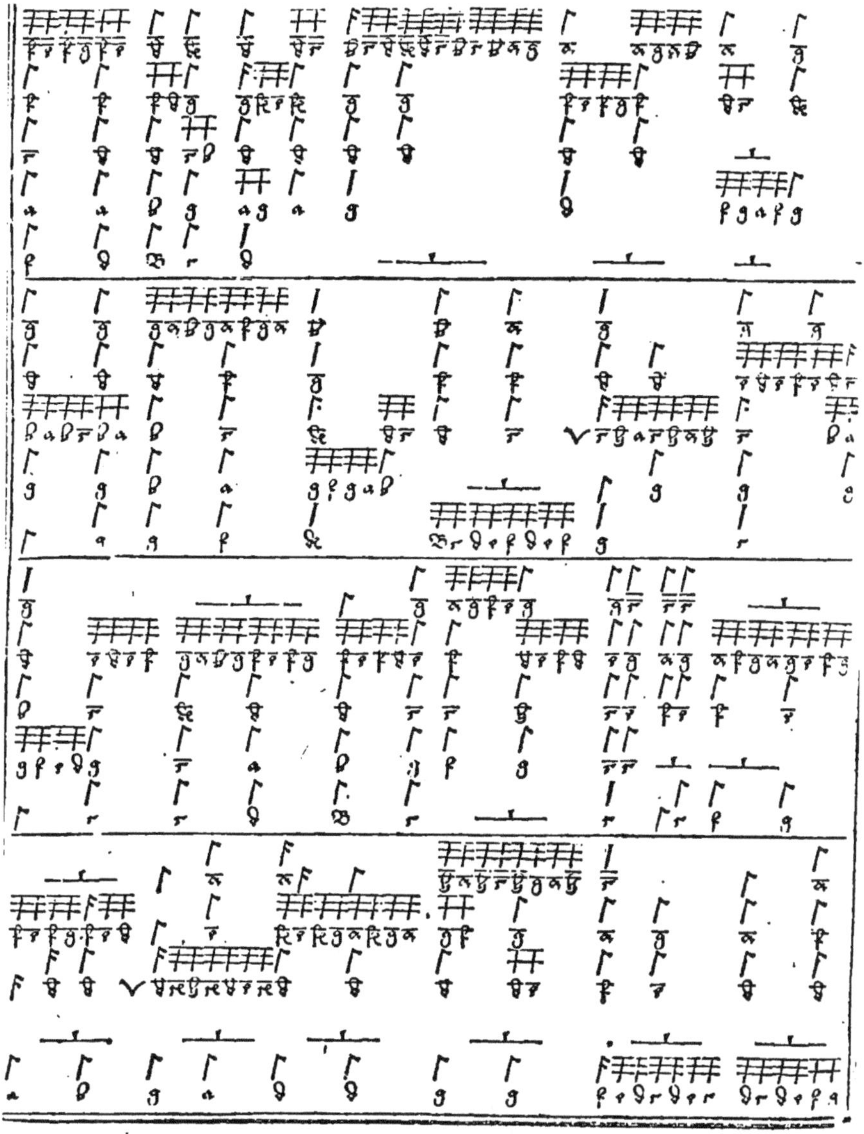

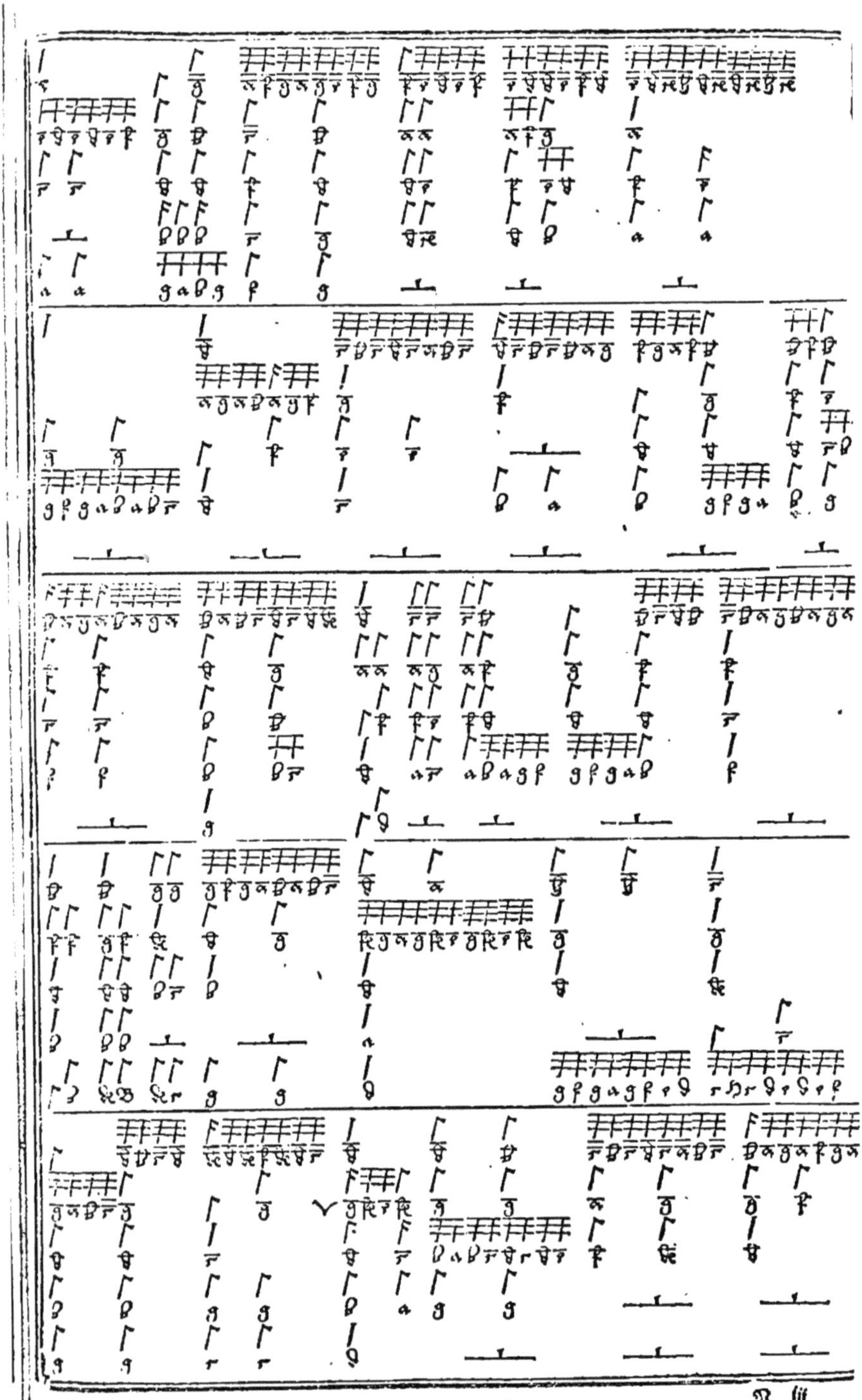

Ich Ruf zu dir
Herr Jesu
Christ.
Orlandi.
A 4.
II.

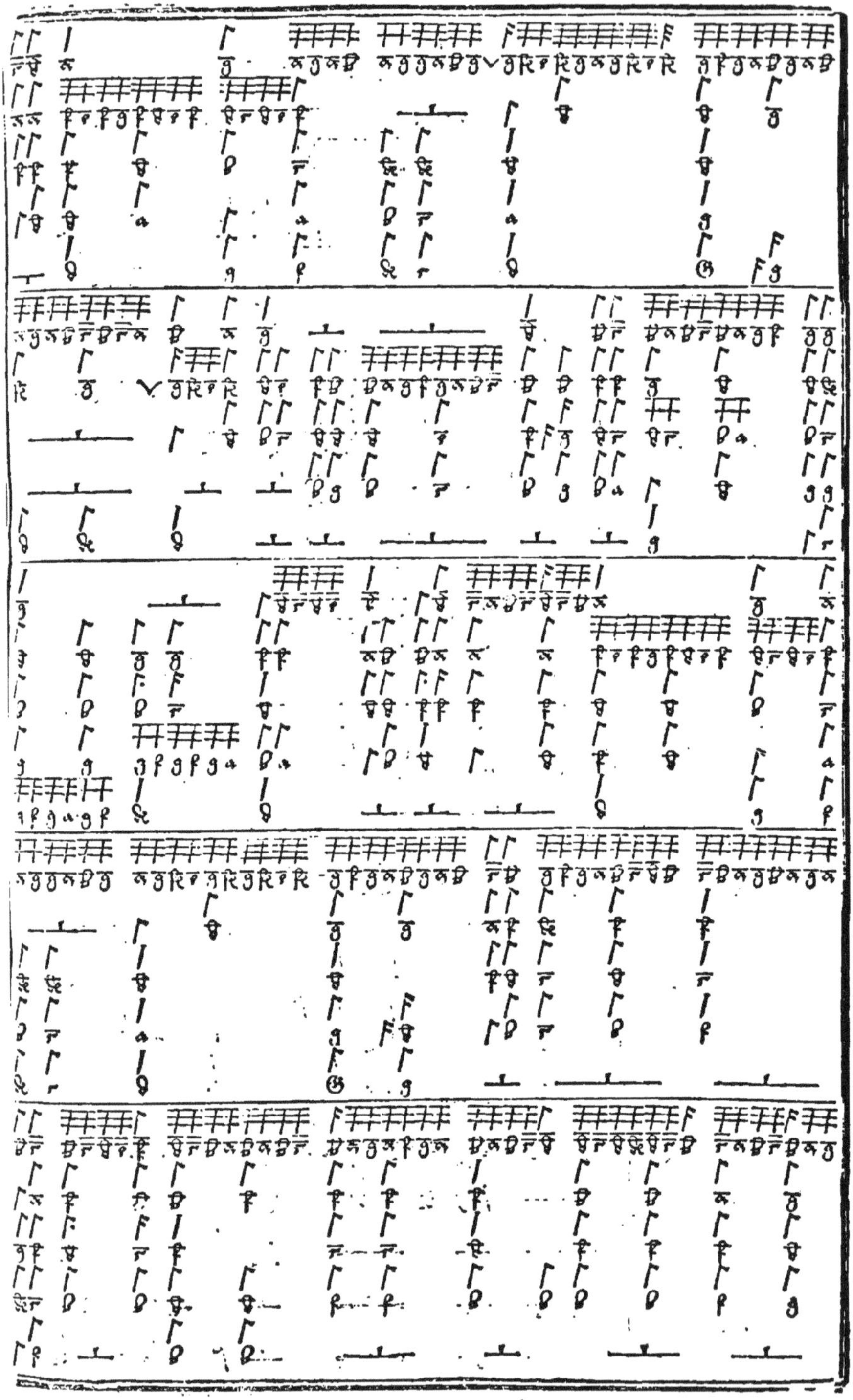

Susanne
vng Iour.

Orlandi.
A. 5.
III.

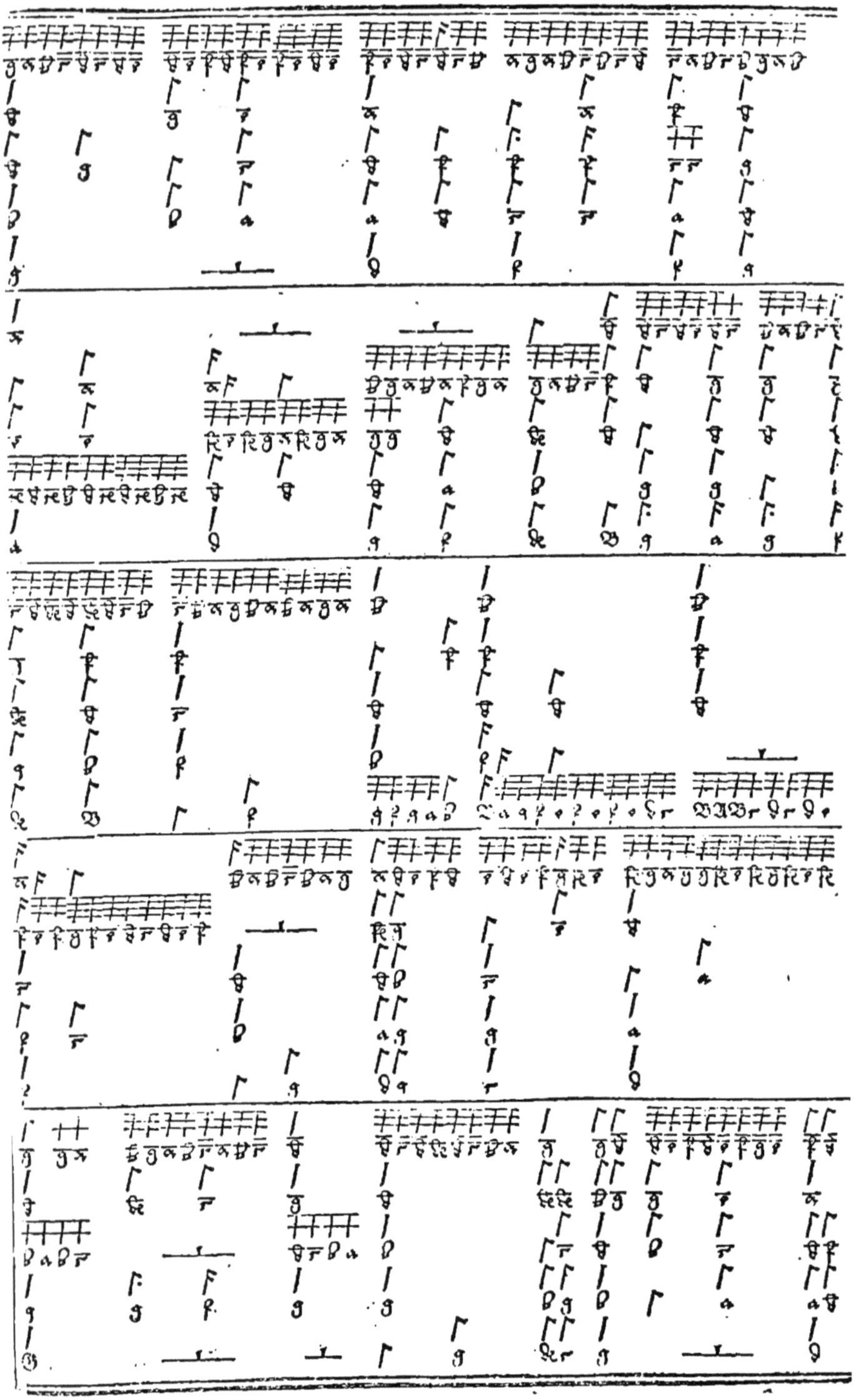

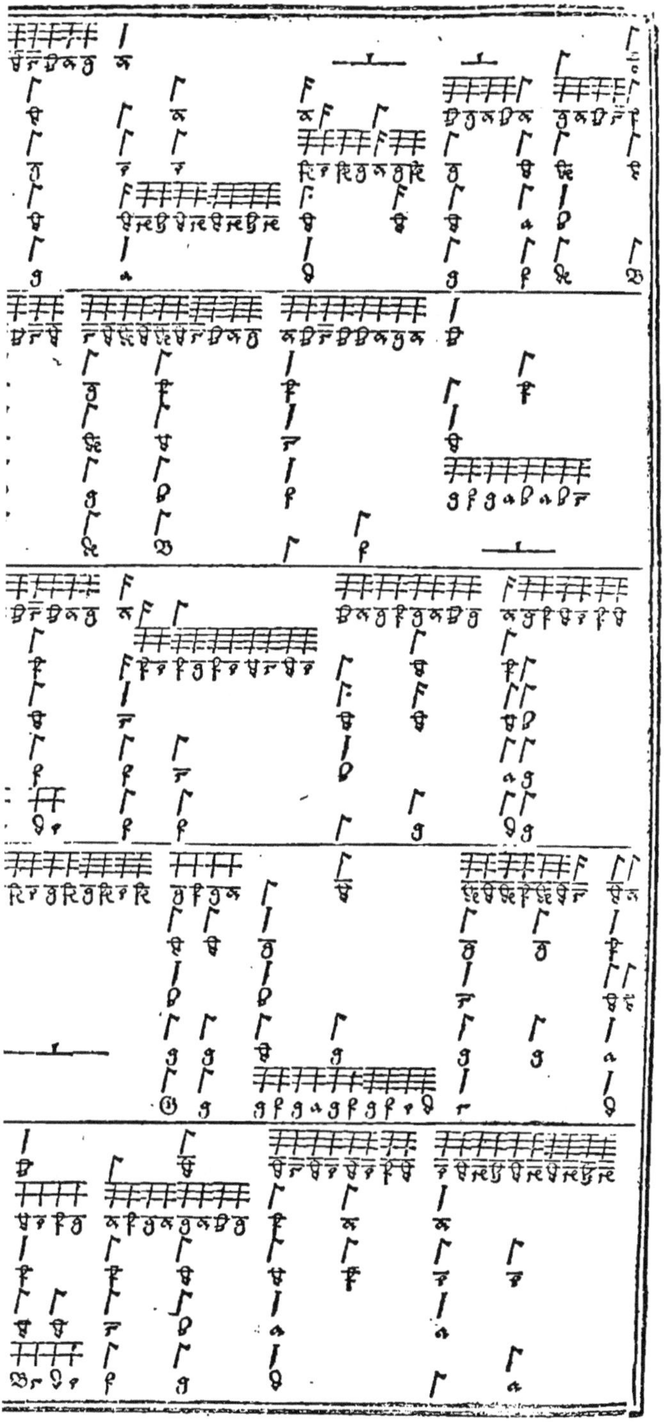

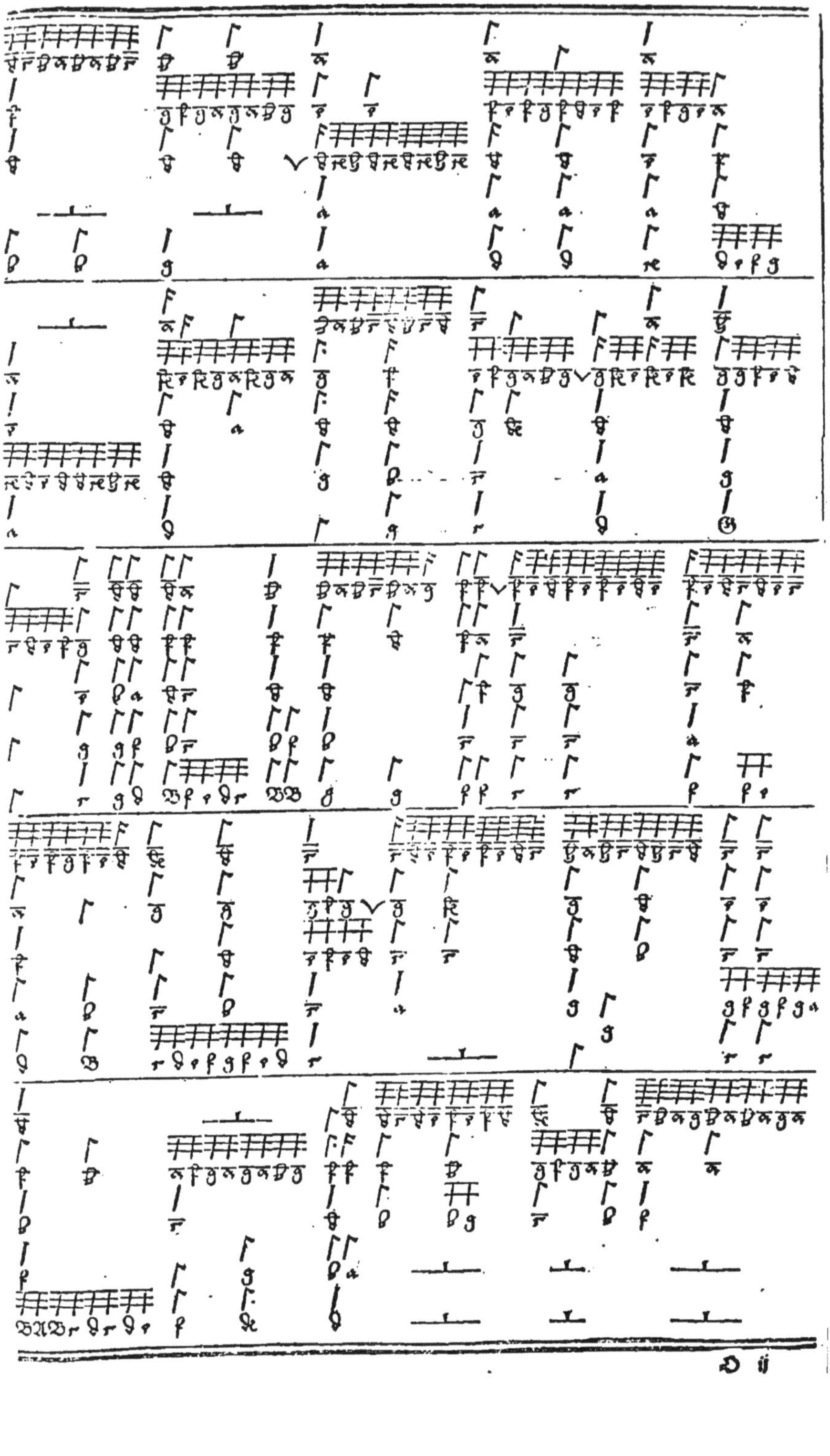

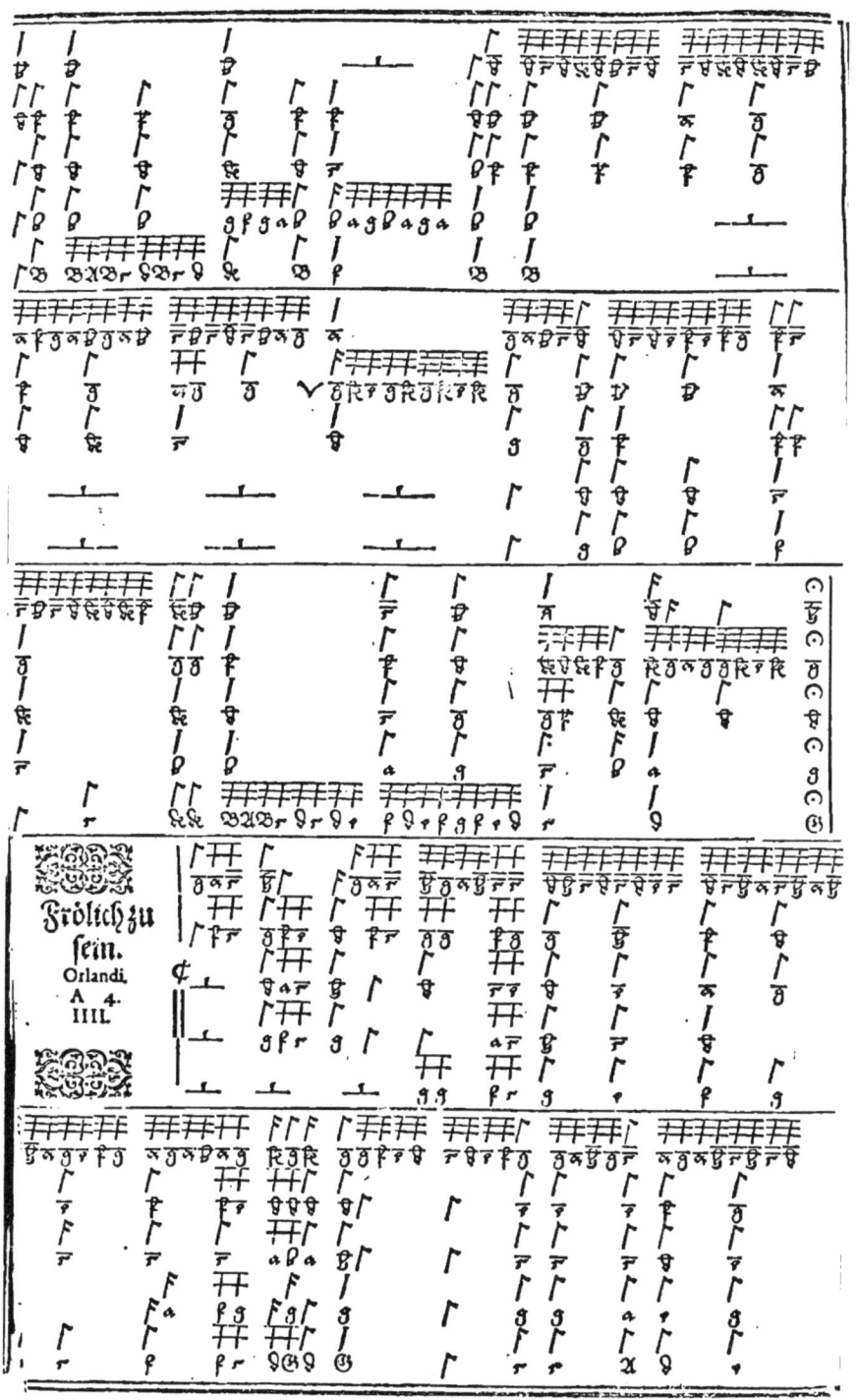

Frölich zu
sein.
Orlandi.
A. 4.
IIII.

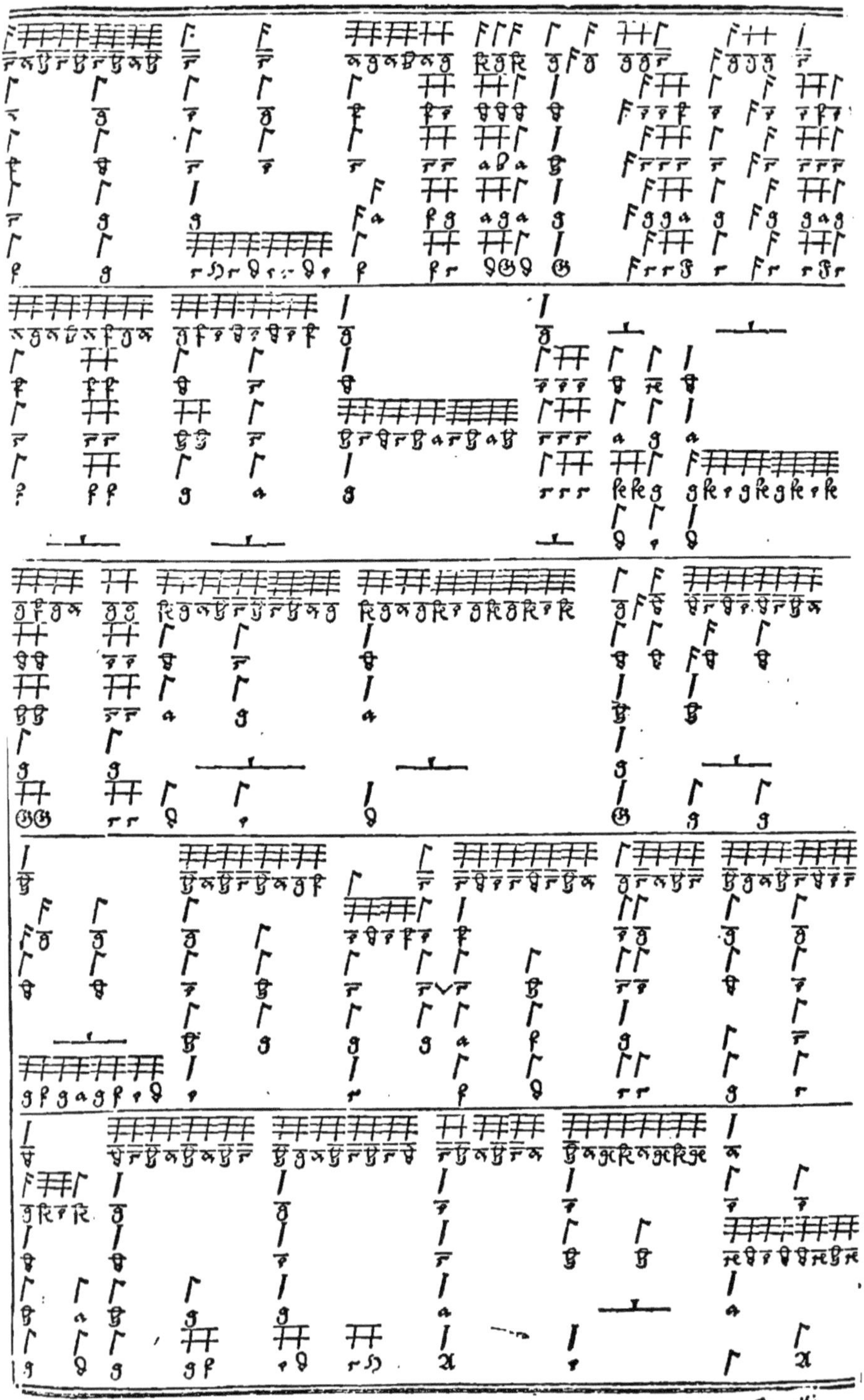

Wer frisch will
sein/der sing
mit mir.

Der ander Theil.

A 5.

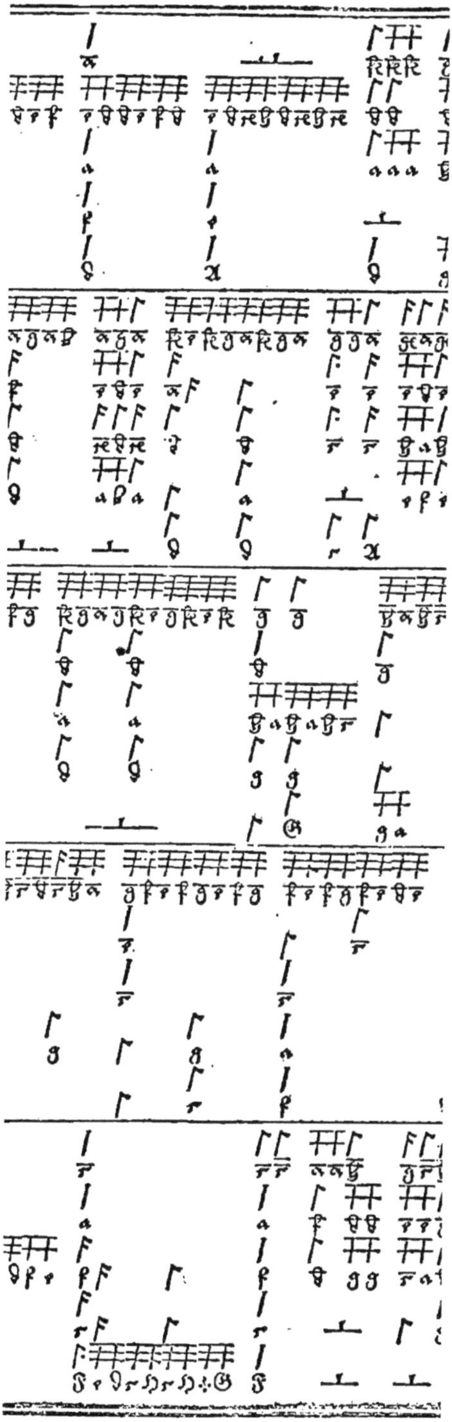

Im Meyen hört
man die Hanen
krehen.

Orlandi.

A 5.

V.

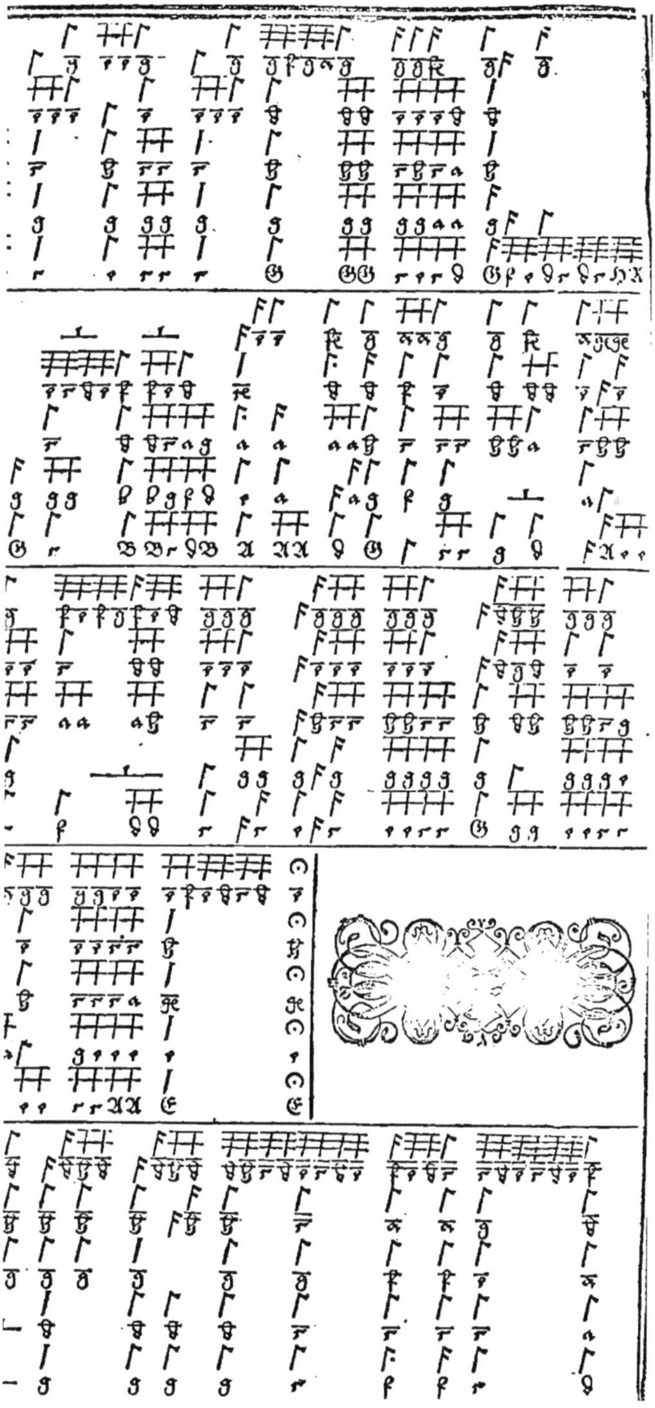

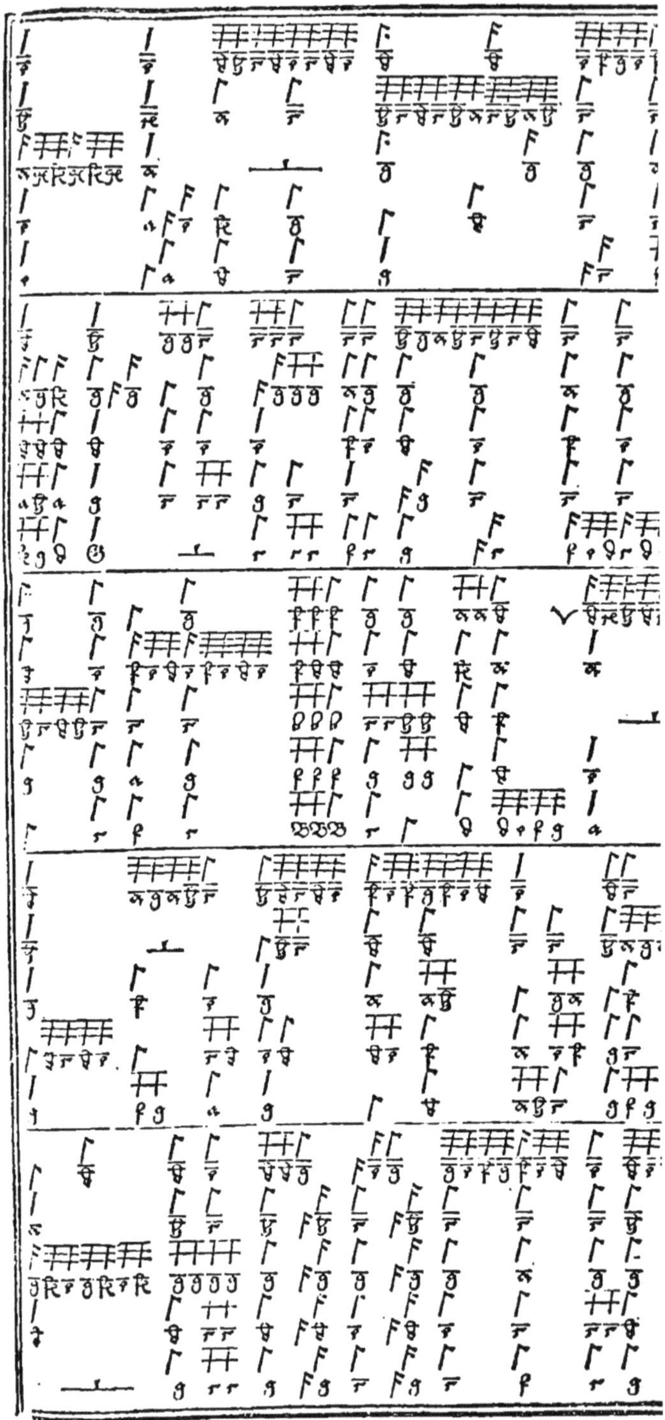

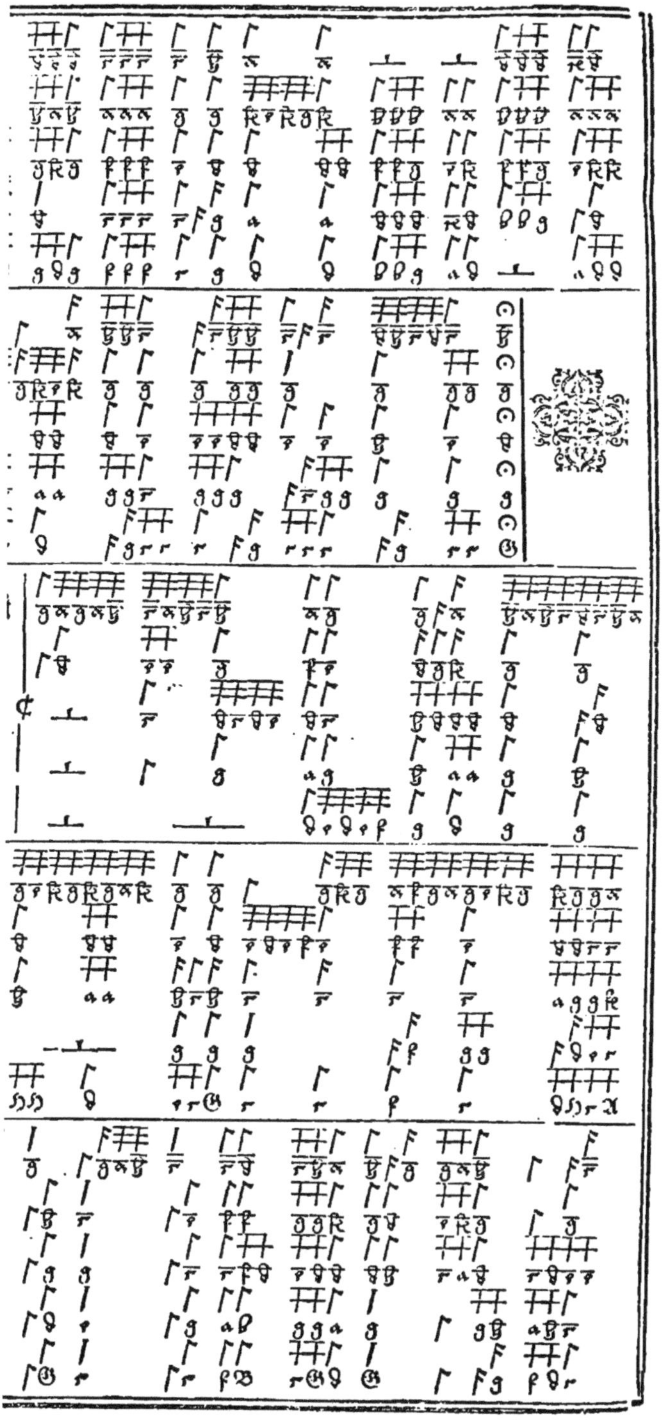

Der Wein der
schmackt mir
also wol.

Orlandi.
A. 5.
VIII.

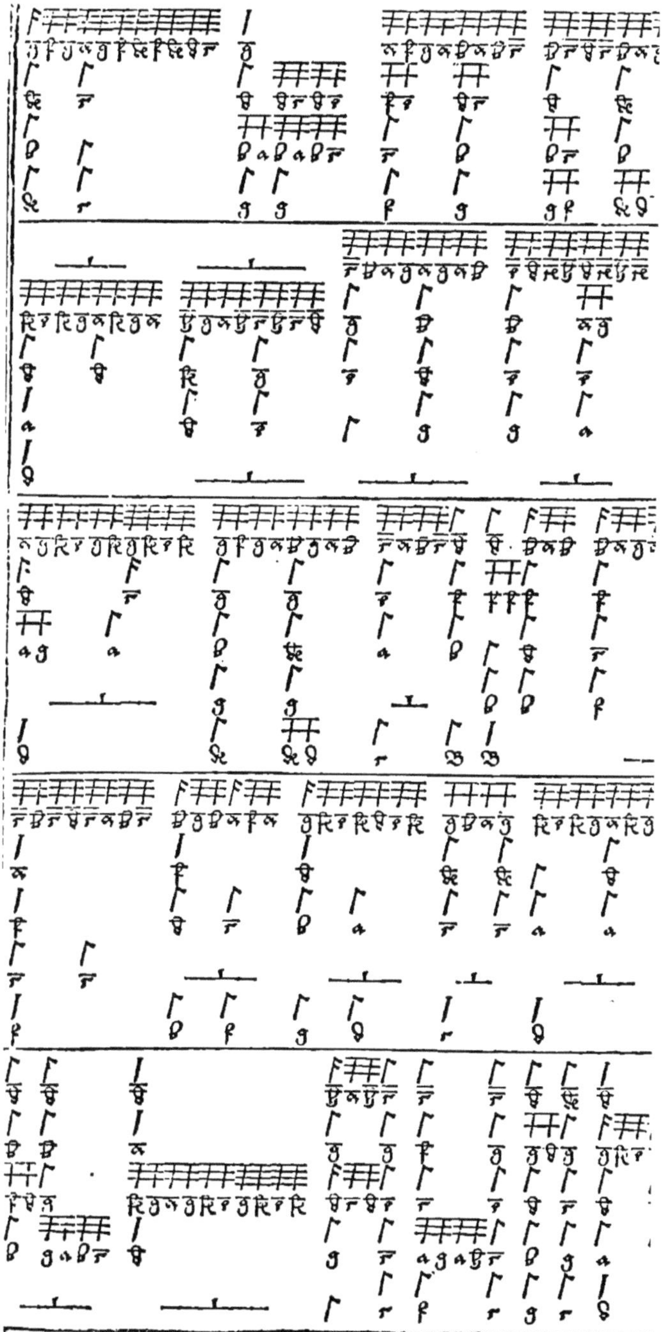

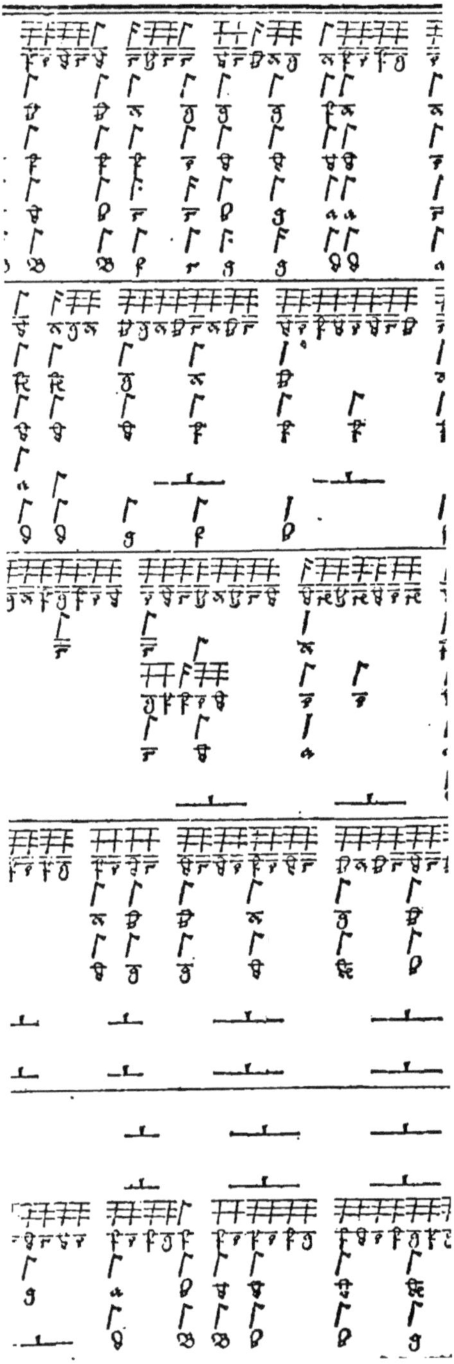

Puis ne
me peult
venir.

Crequillon.
A. 5.
IX.

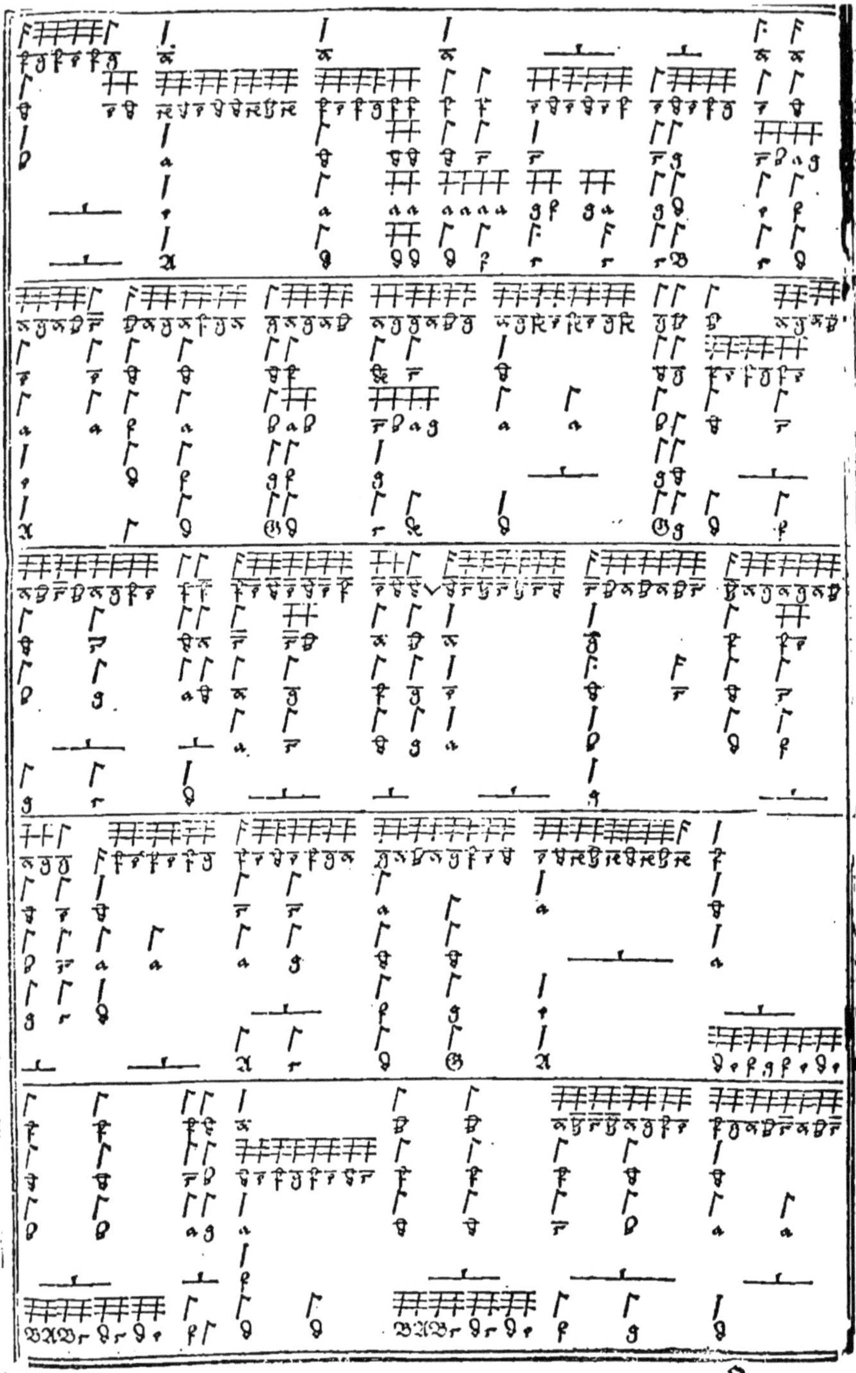

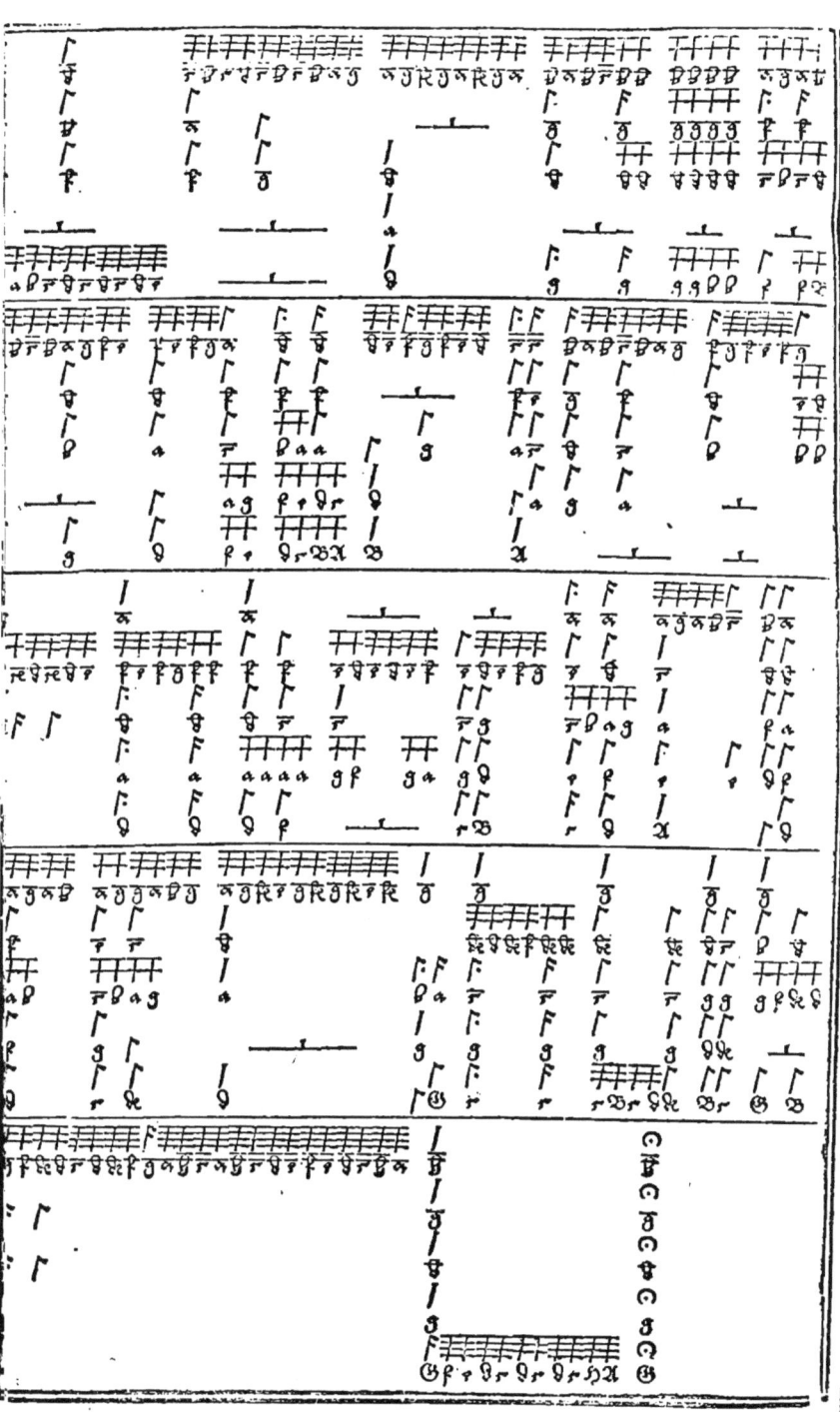

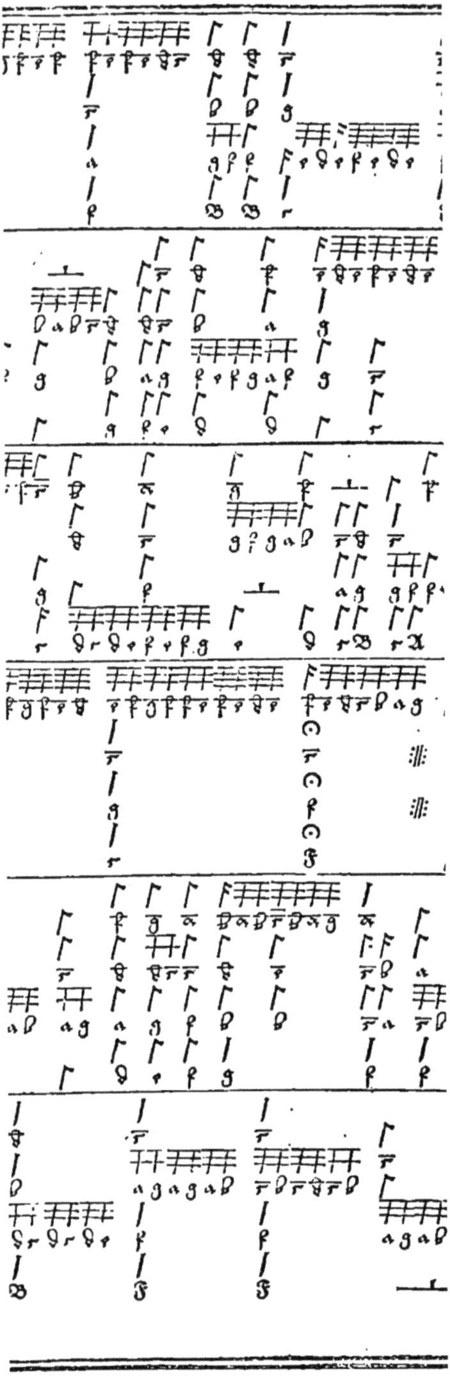

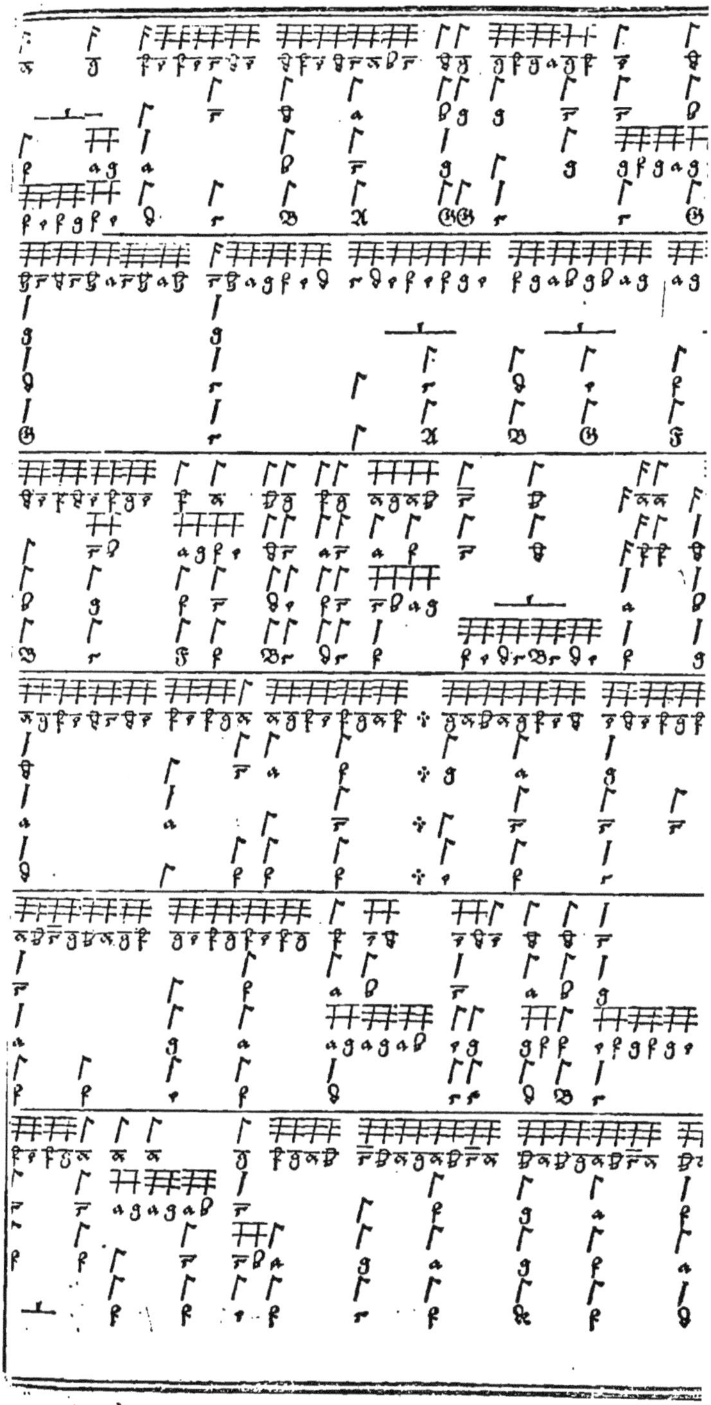

Hertzlich lieb
hab ich dich
O Herr/ec.
A 4.
XI.

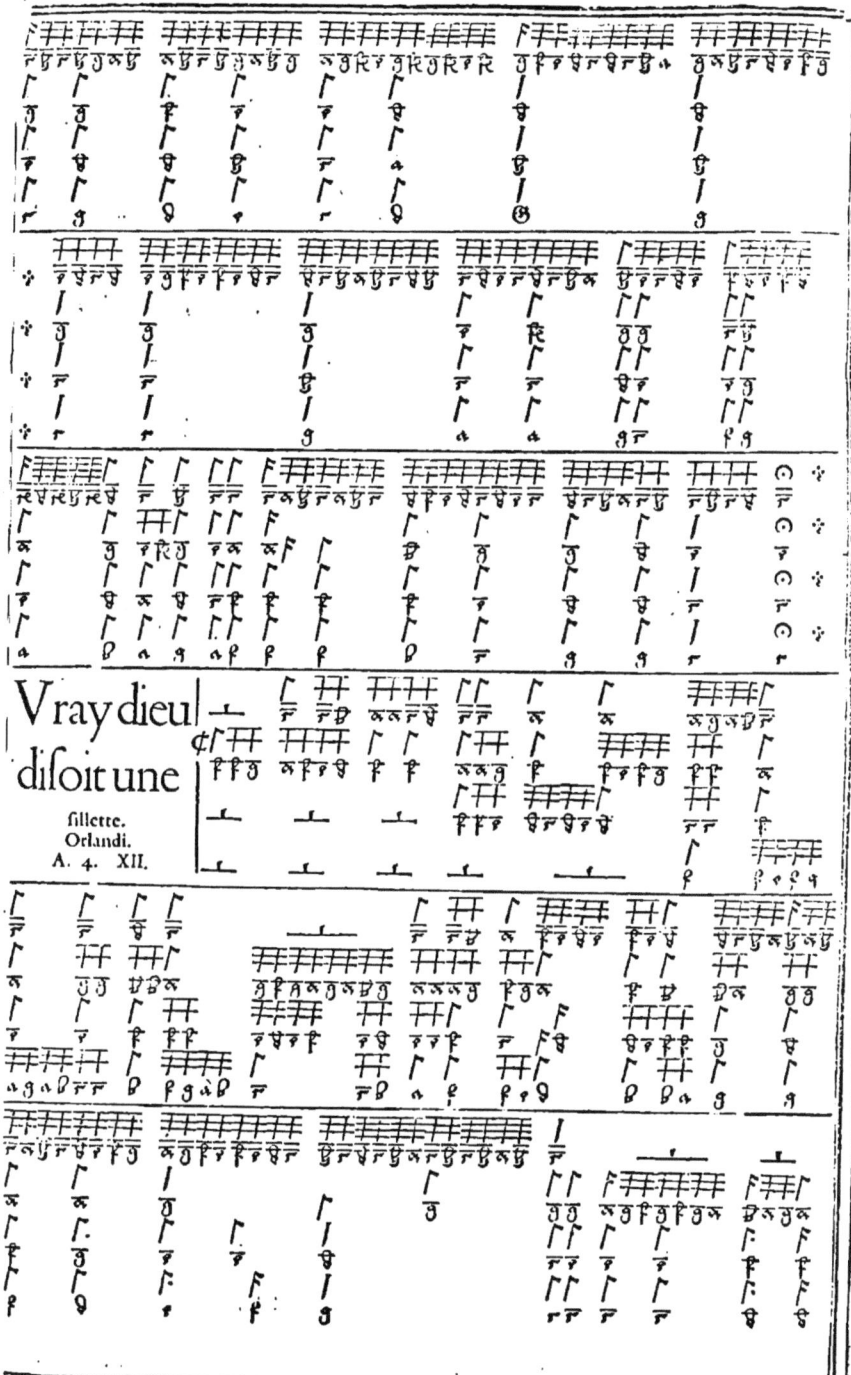

Vray dieu
difoit une
fillette.
Orlandi.
A. 4. XII.

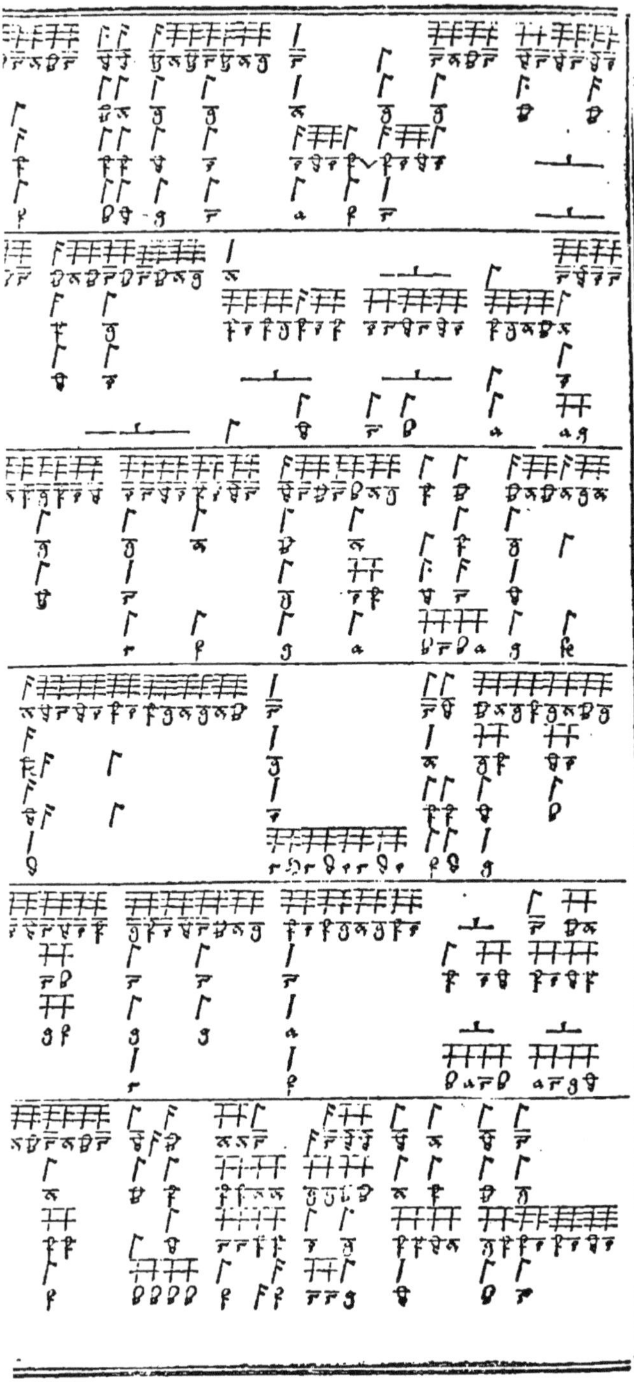

Damours
me Plains.

Roger composuit.
A 4.
XIII.

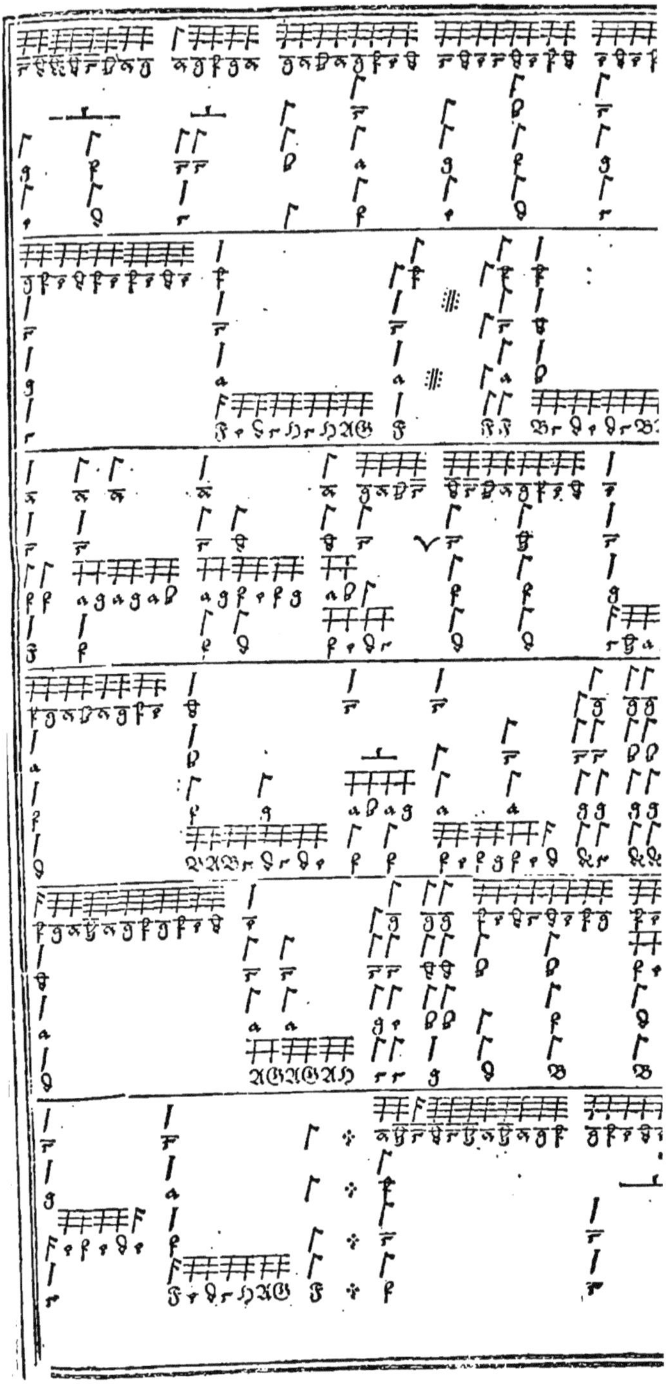

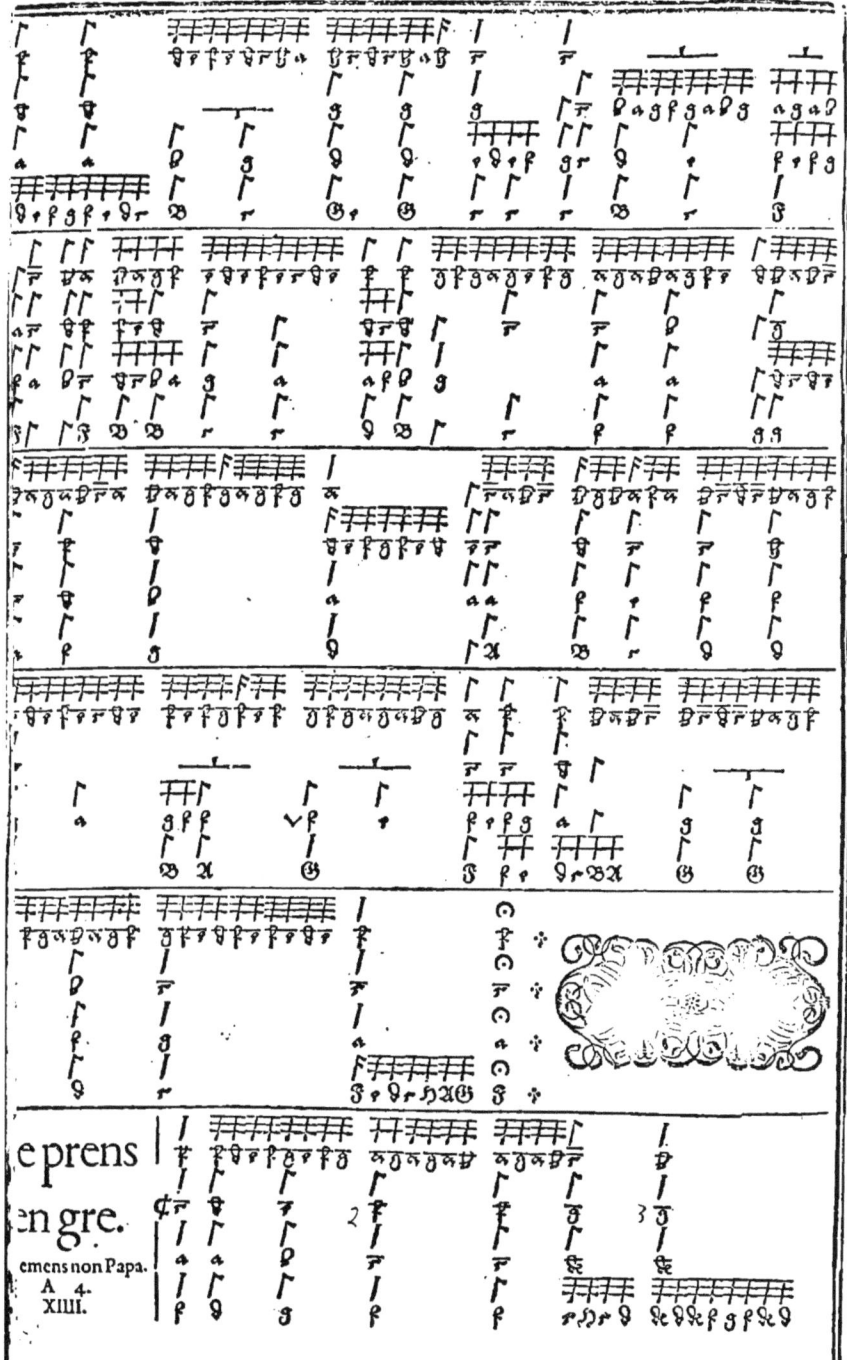

e prens
en gre.

emens non Papa.
A 4.
XIIII.

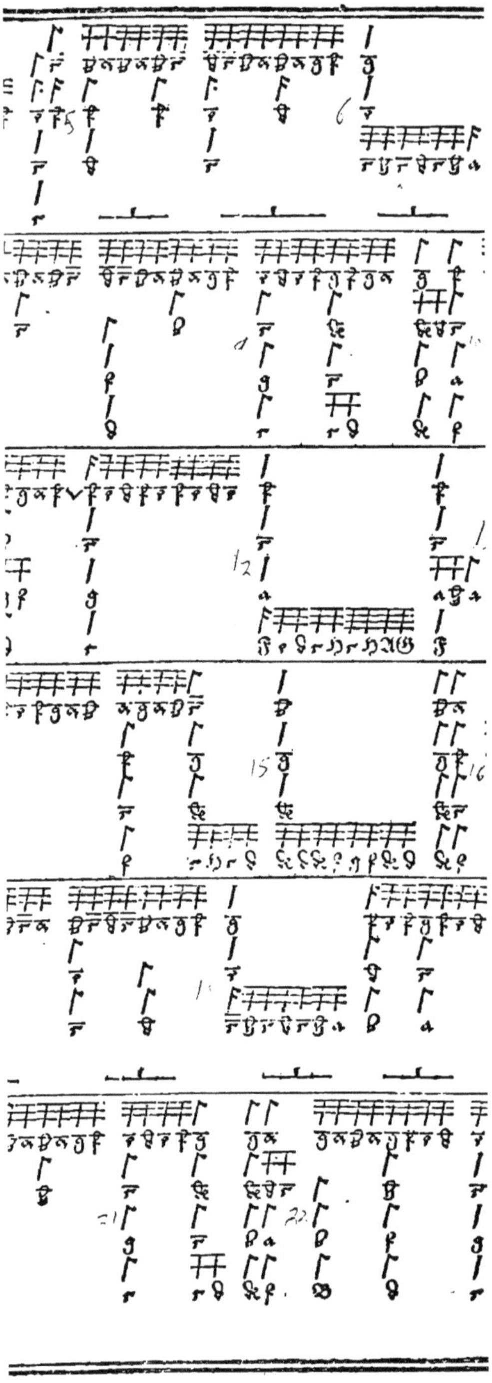

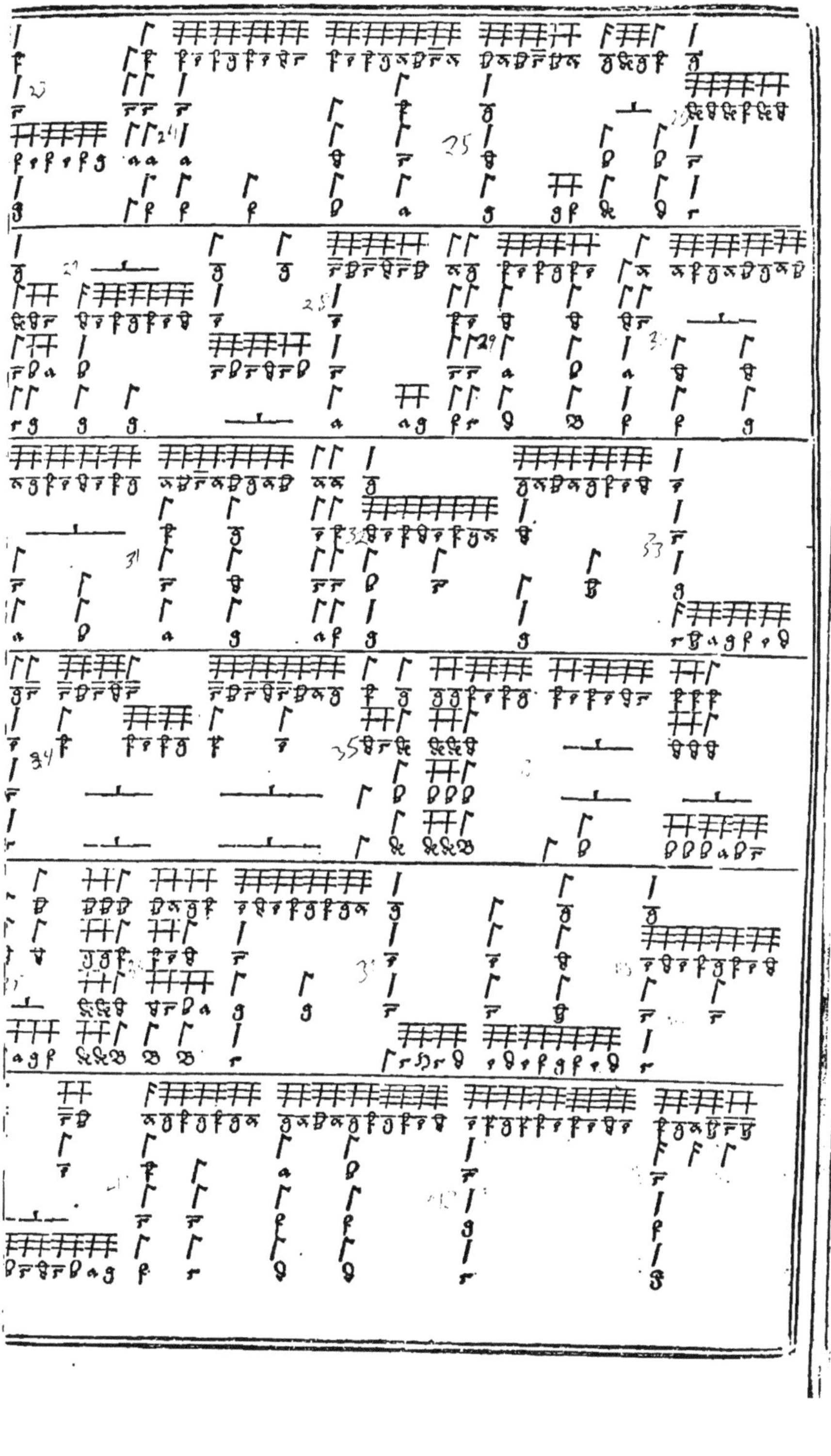

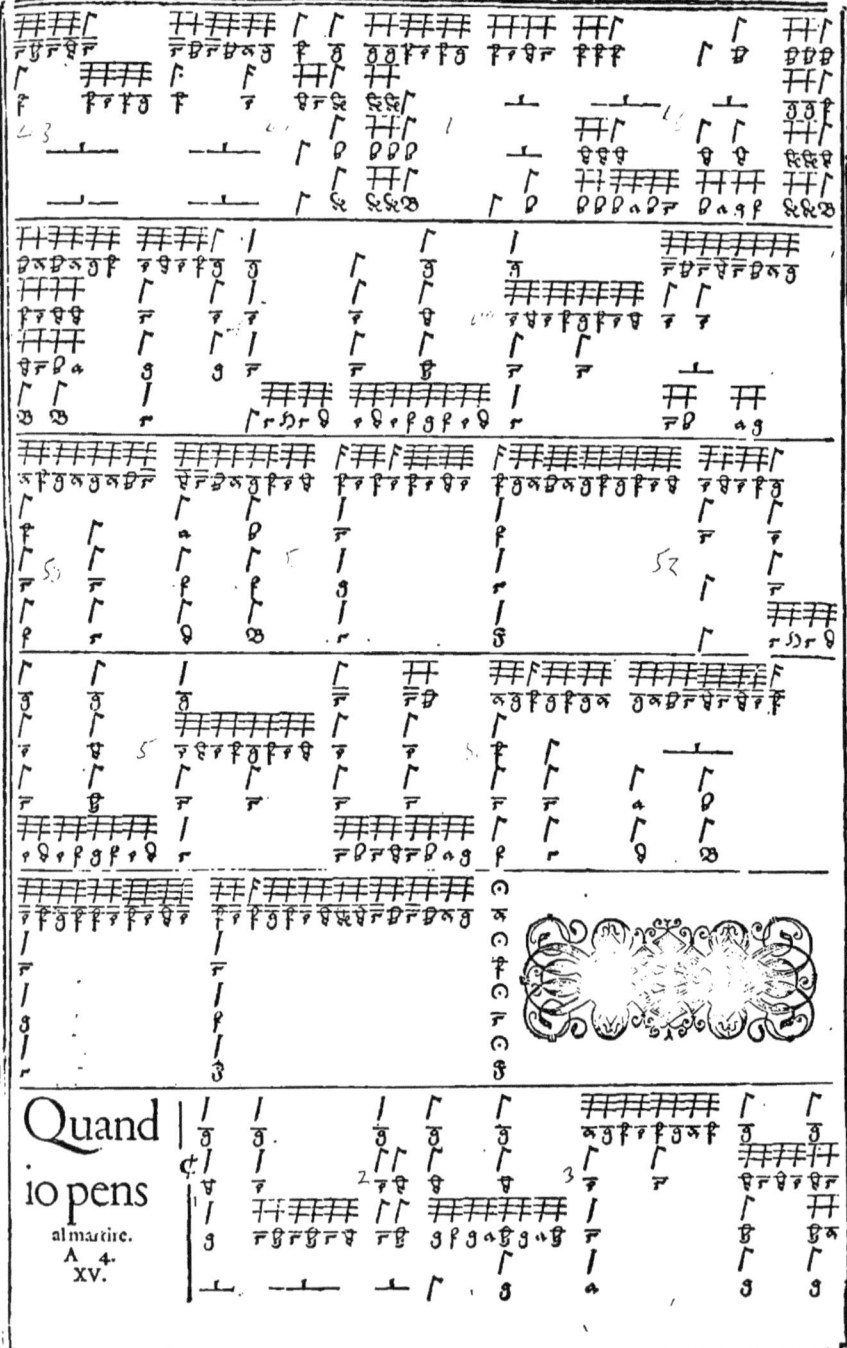

Quand

io pens

al martire.

A 4.

XV.

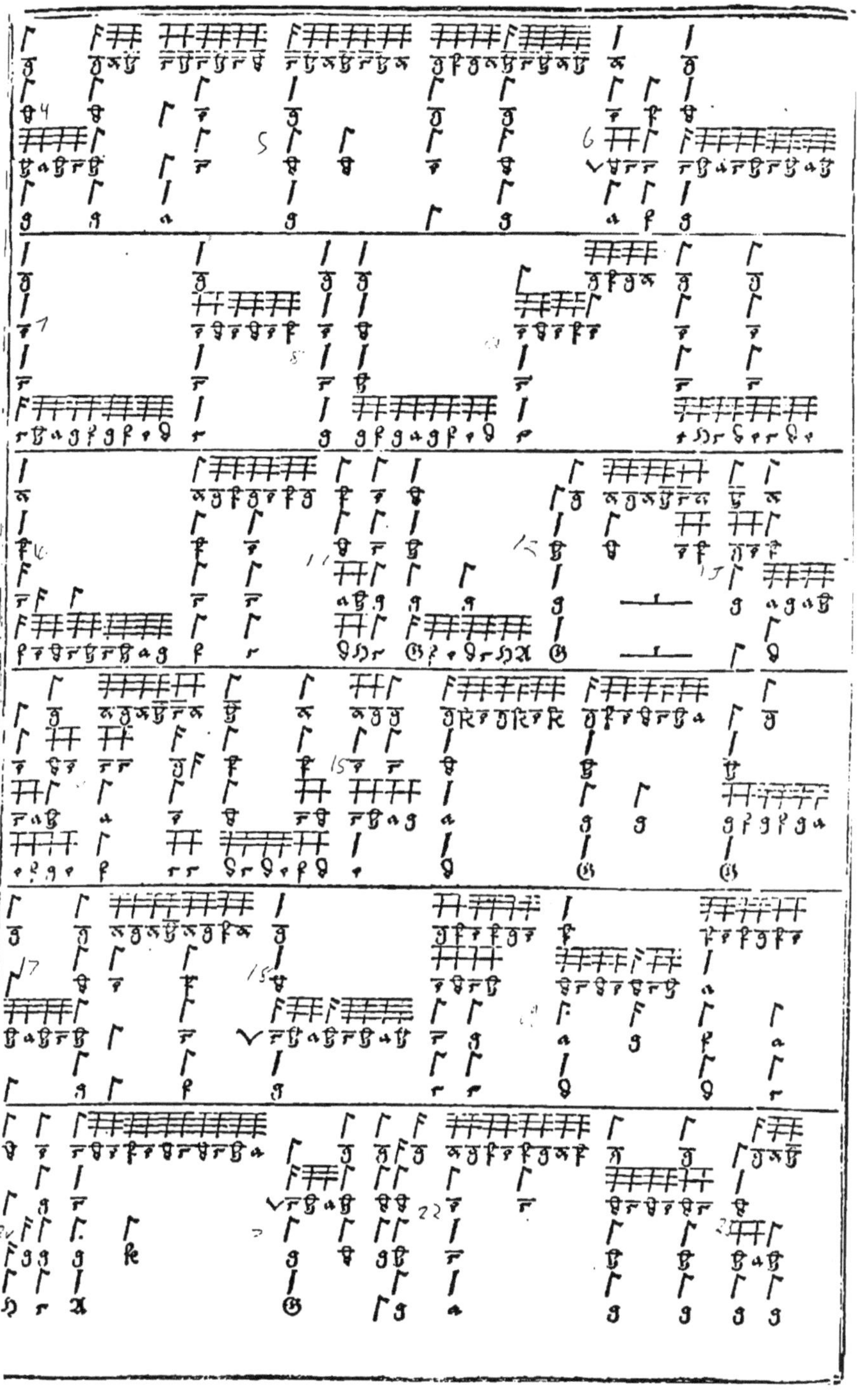

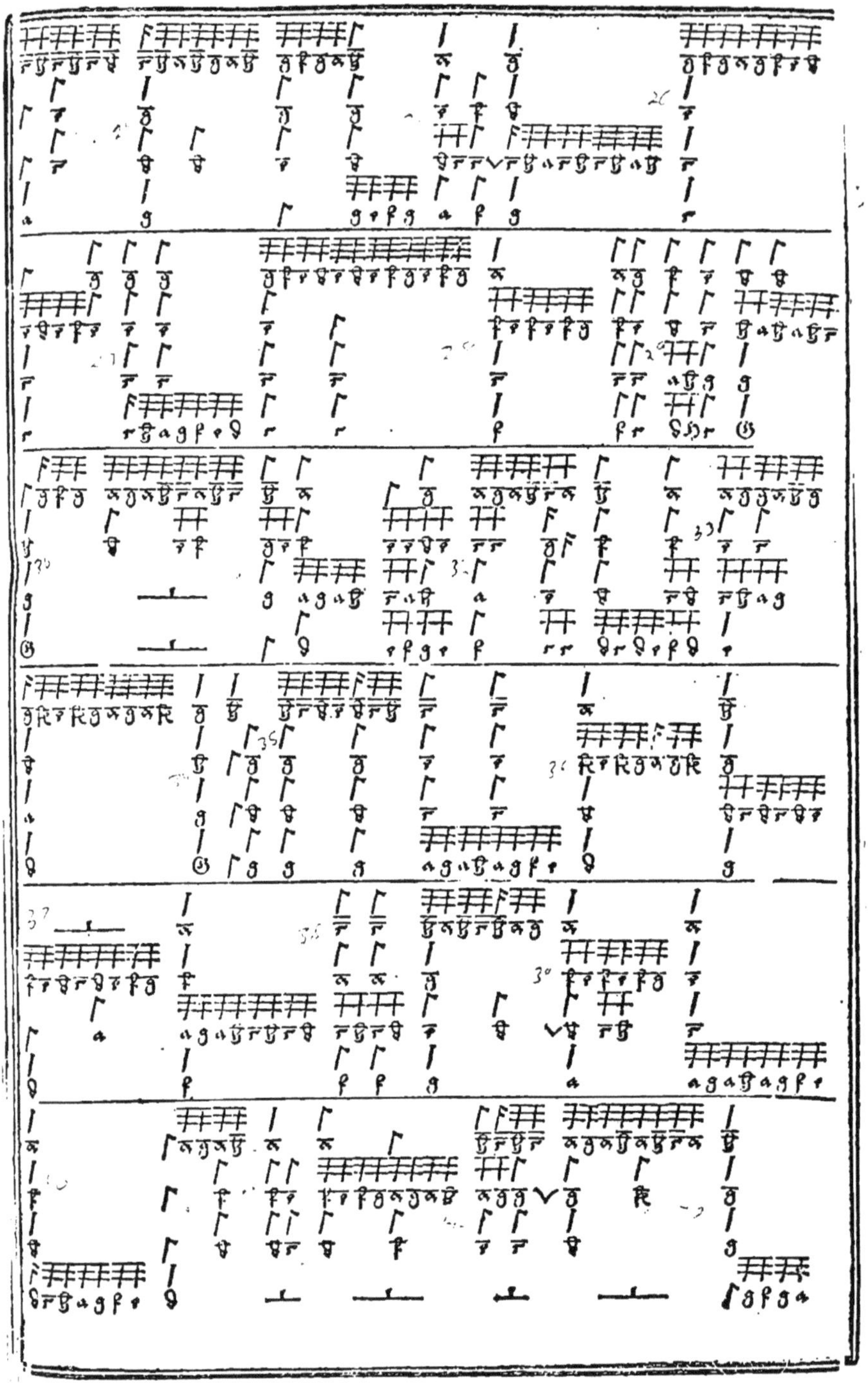

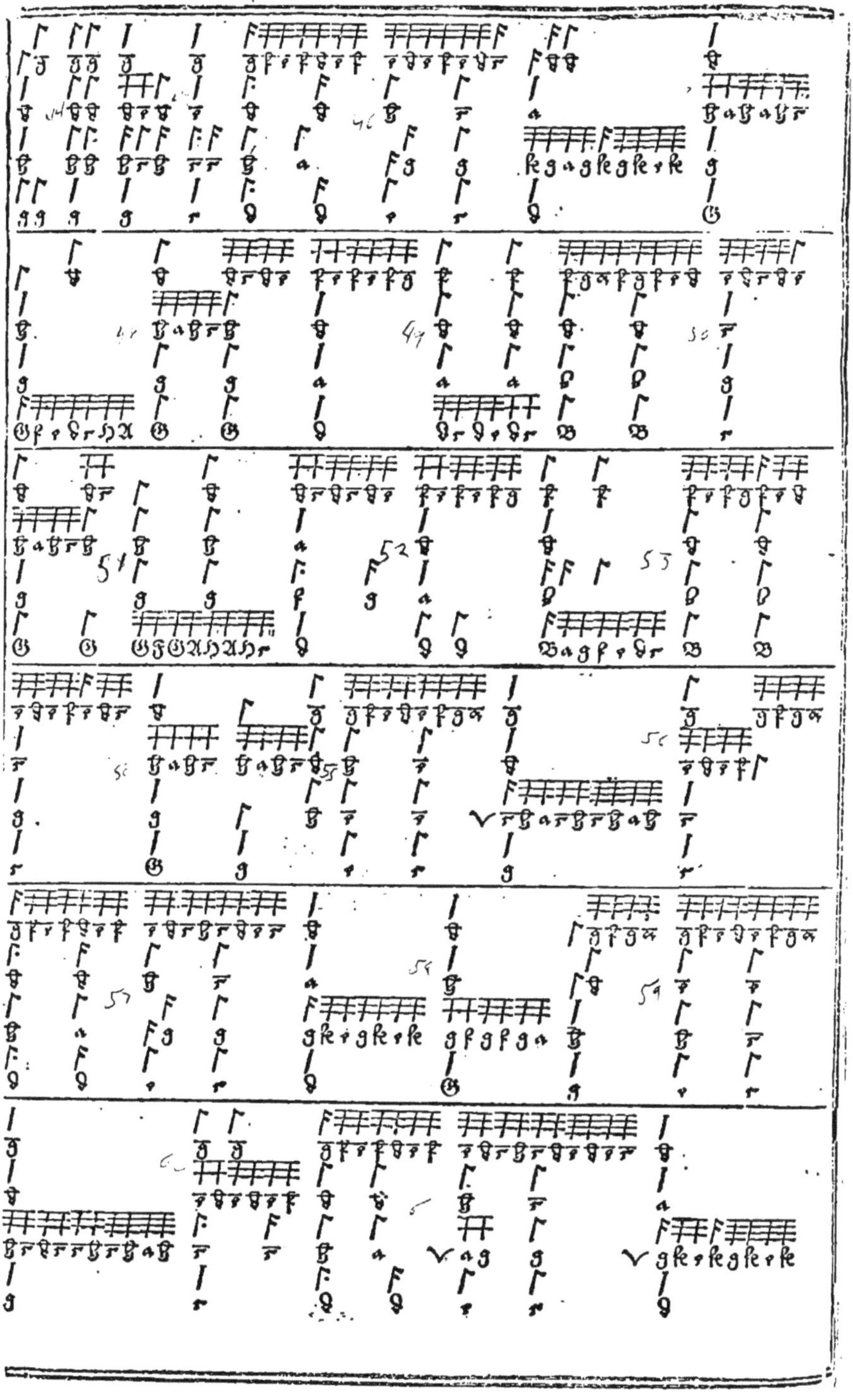

O sio Potes-
si Donna.

Giachet Berhem.
À. 4.
XVI.

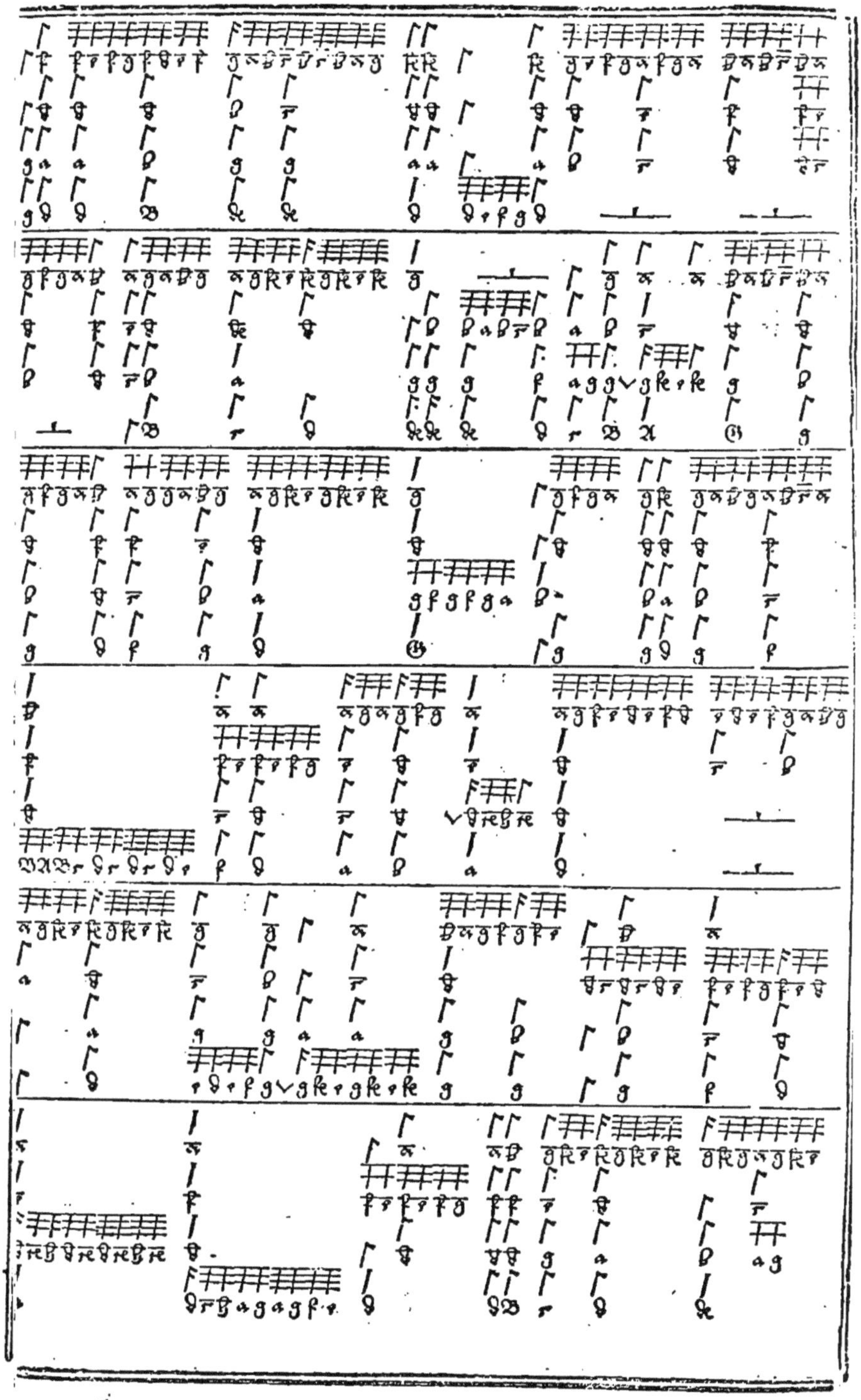

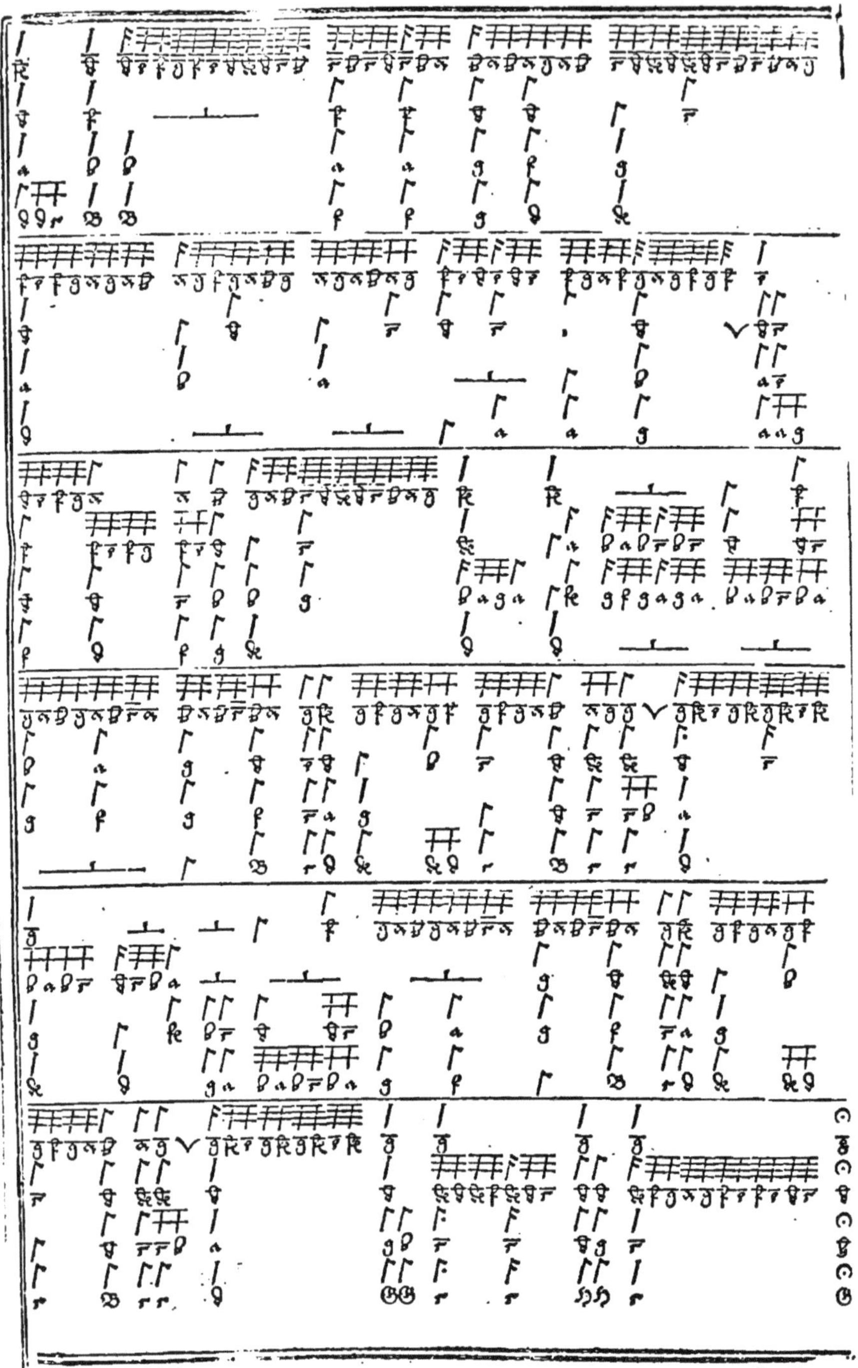

Io mi son gio|vanetta.

Fr. à Bofco.
A. 4.
XVII.

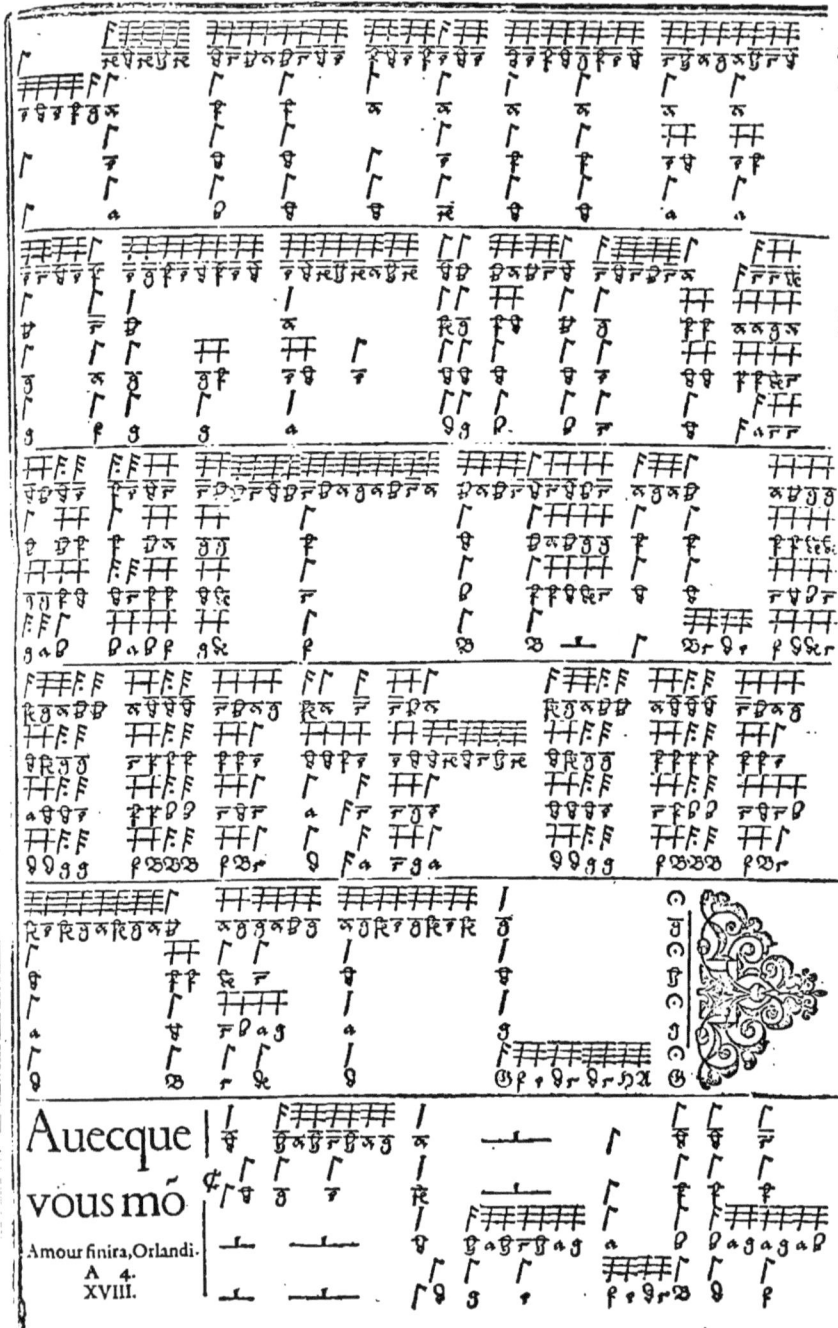

Auecque
vous mõ

Amour finira, Orlandi.
A 4.
XVIII.

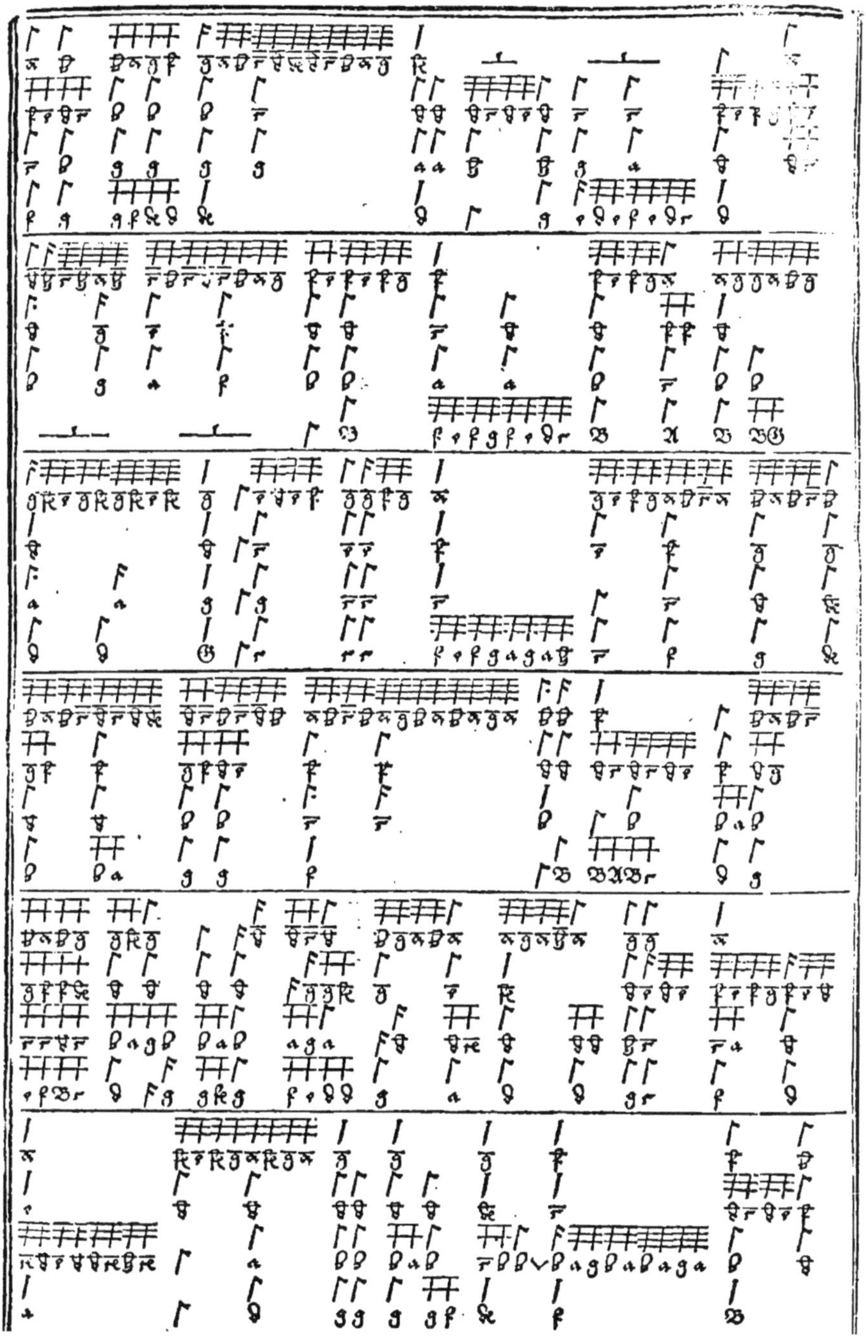

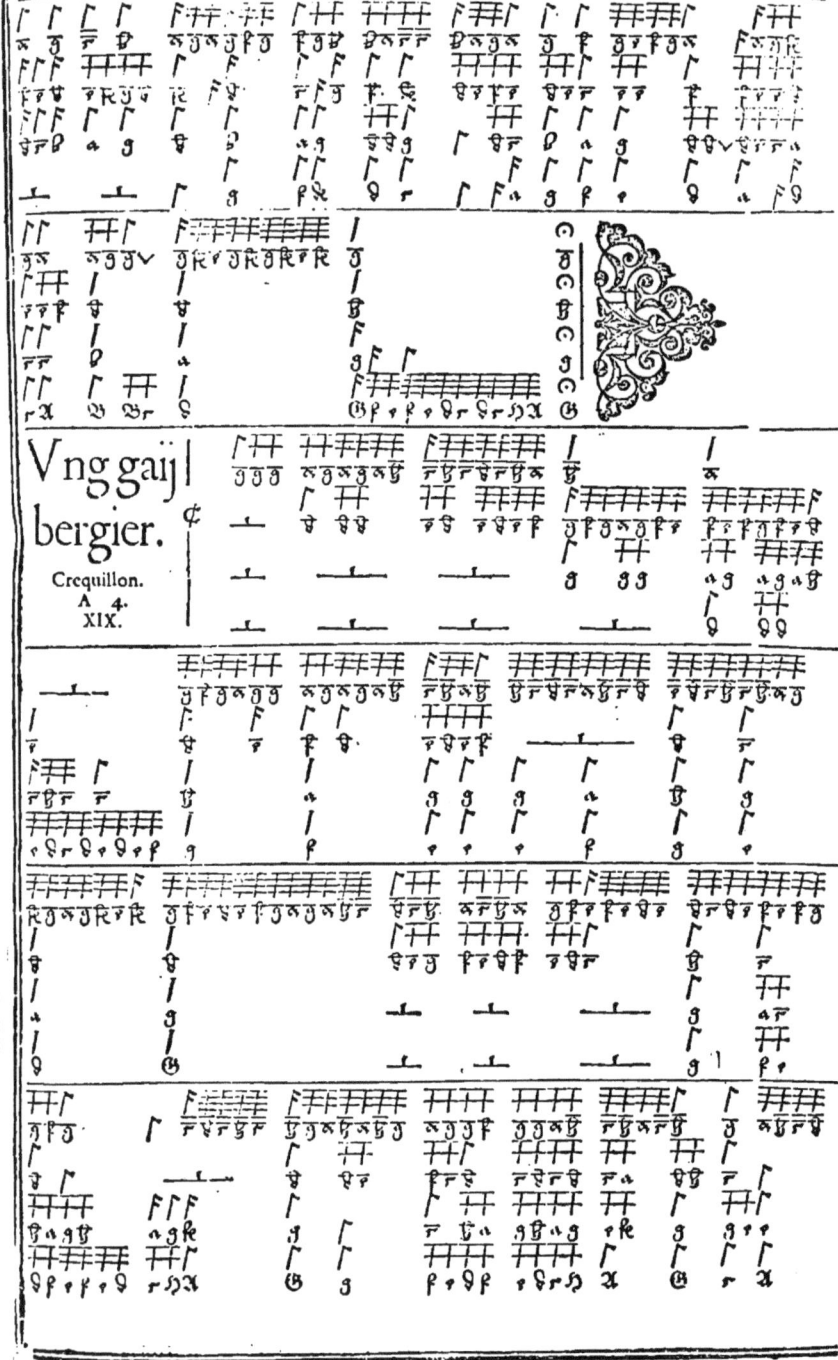

Vng gaij
bergier.

Crequillon.
A 4.
XIX.

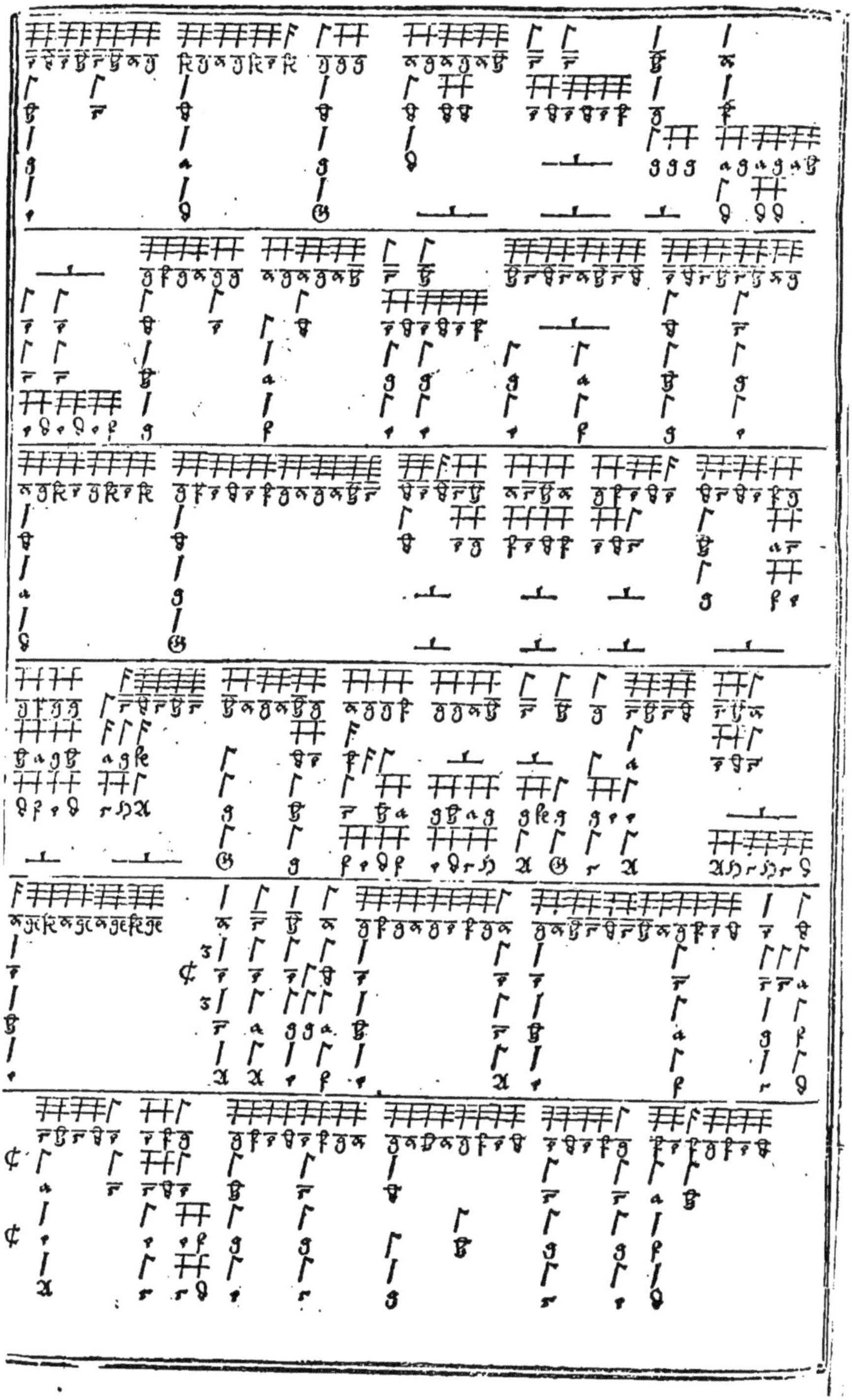

Pour vng plaifier.

Claudin.
A 4.
XX.

z

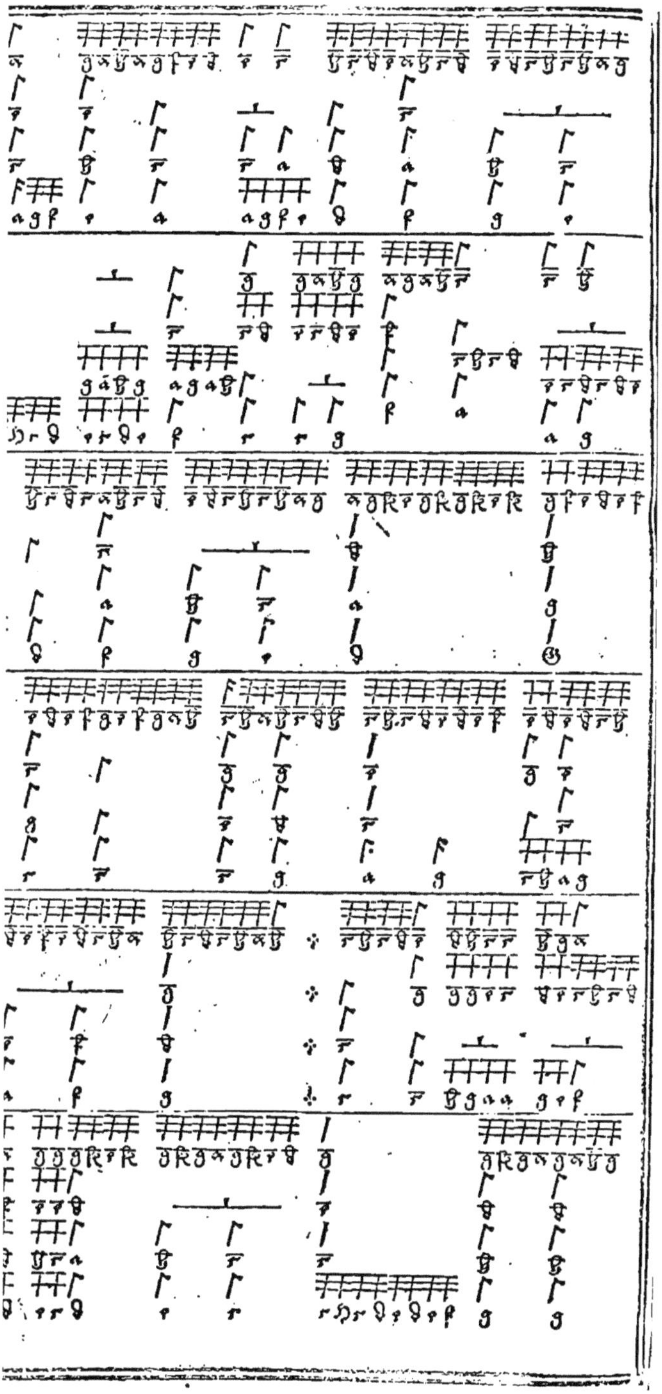

Bon Iour mon cuer.

¢

Orlandi.
A. 4.
XXI.

X iiij

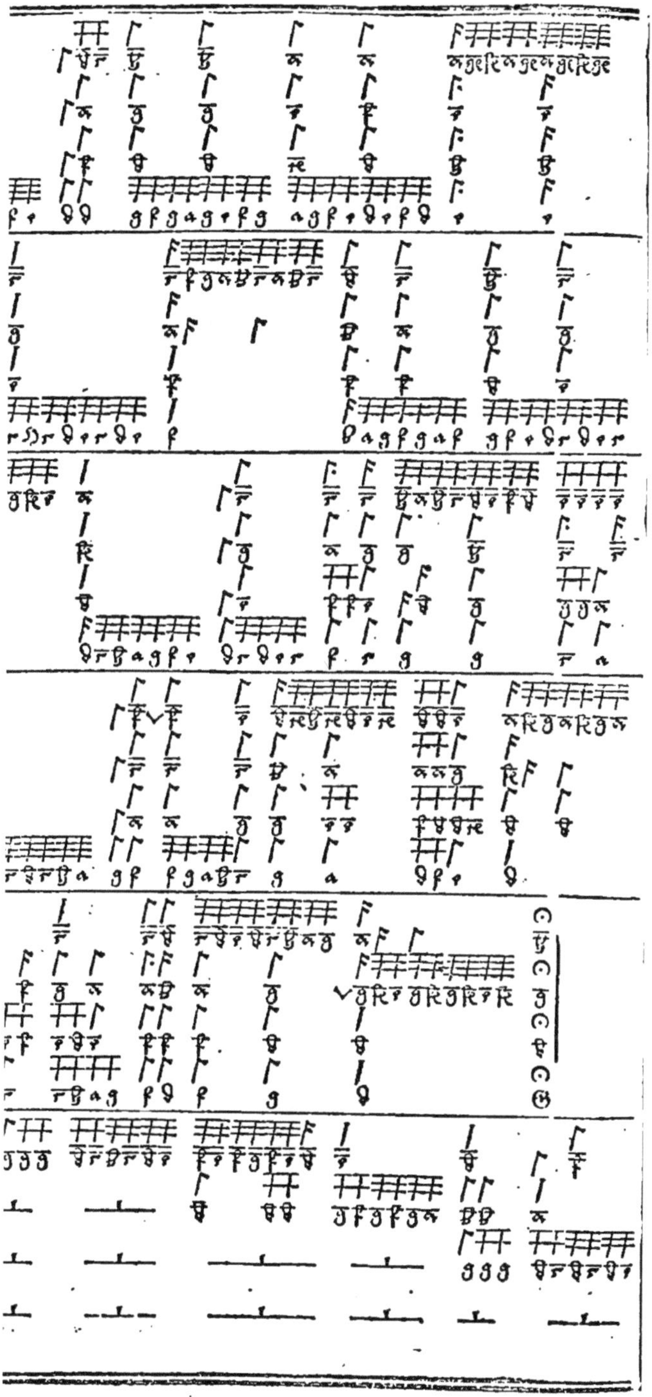

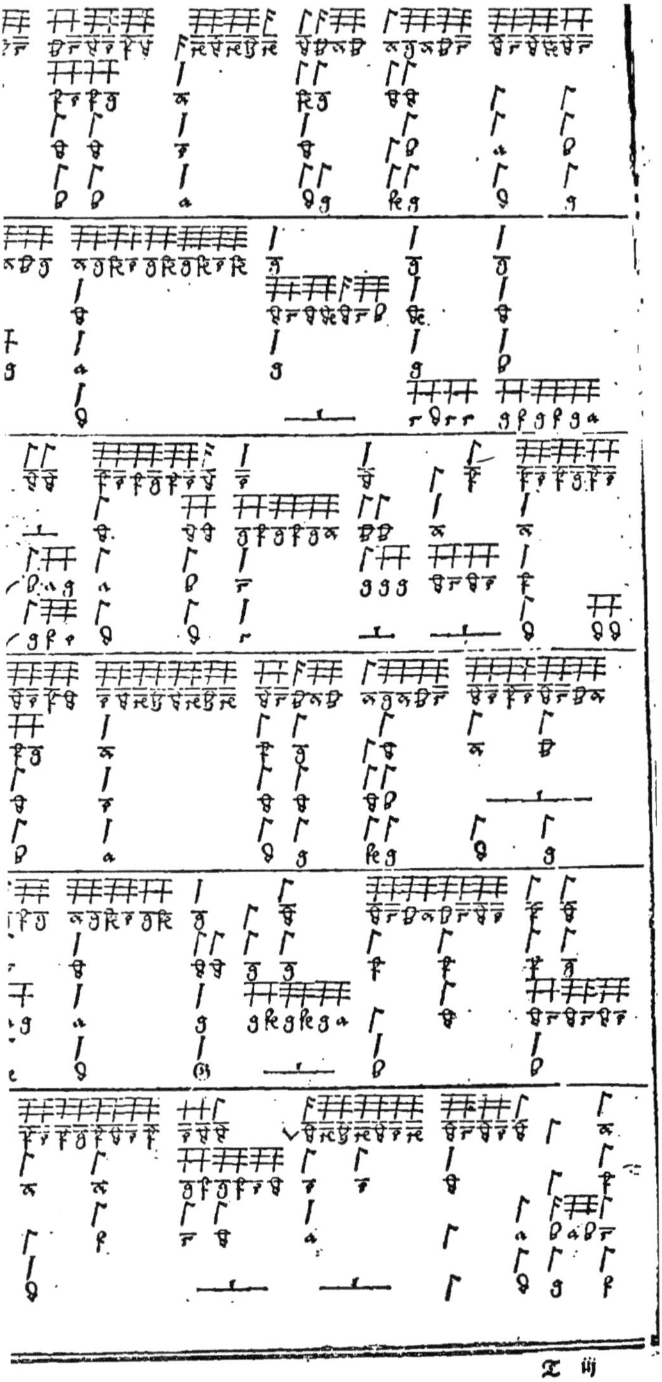

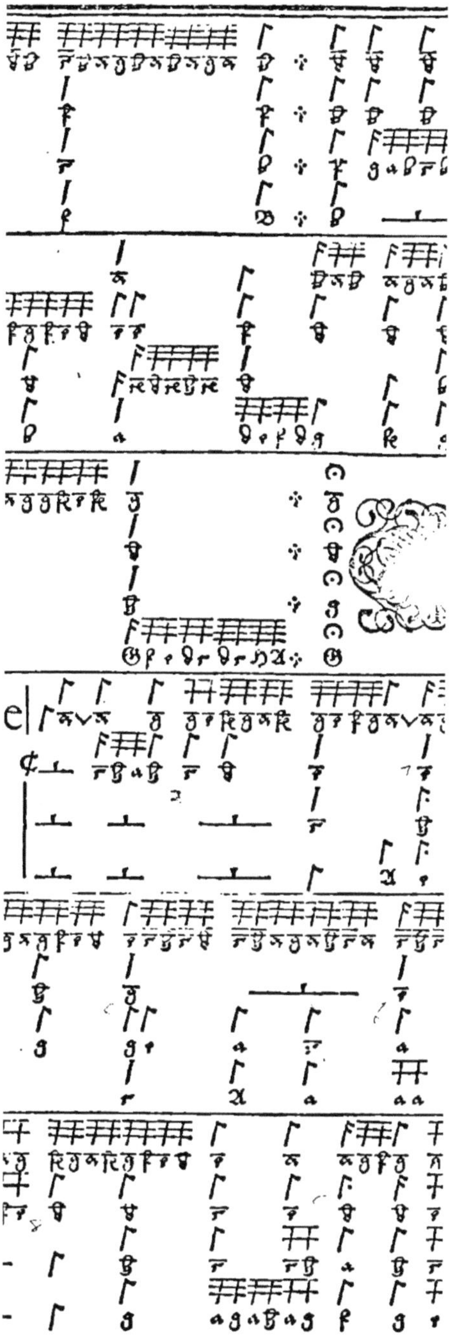

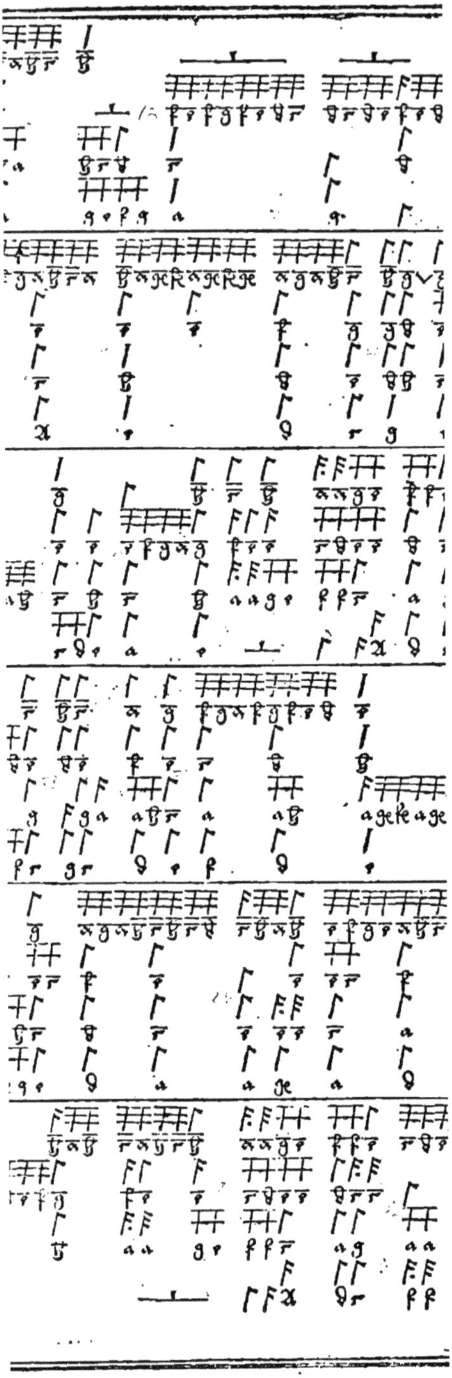

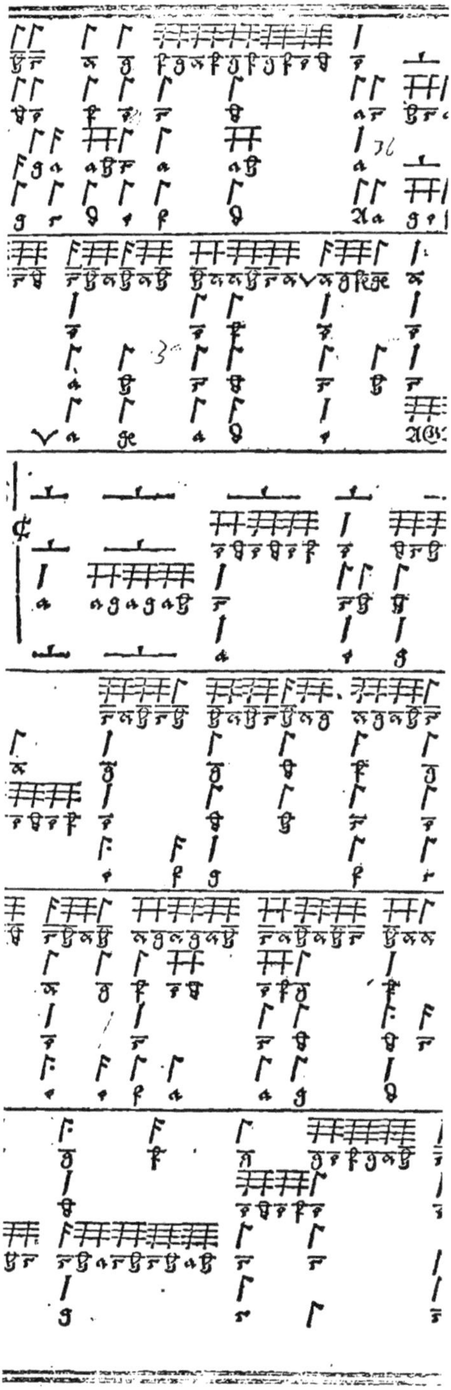

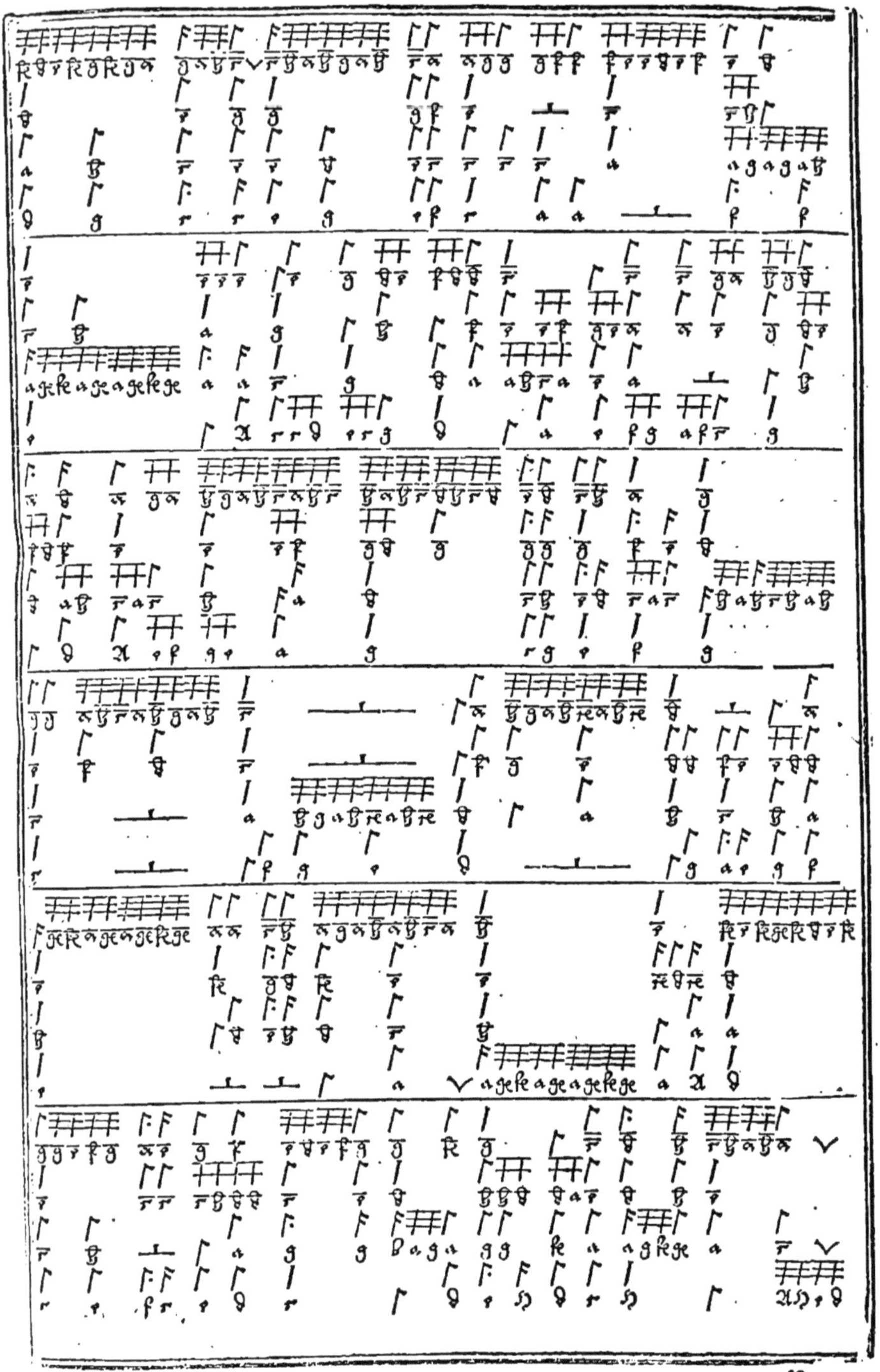

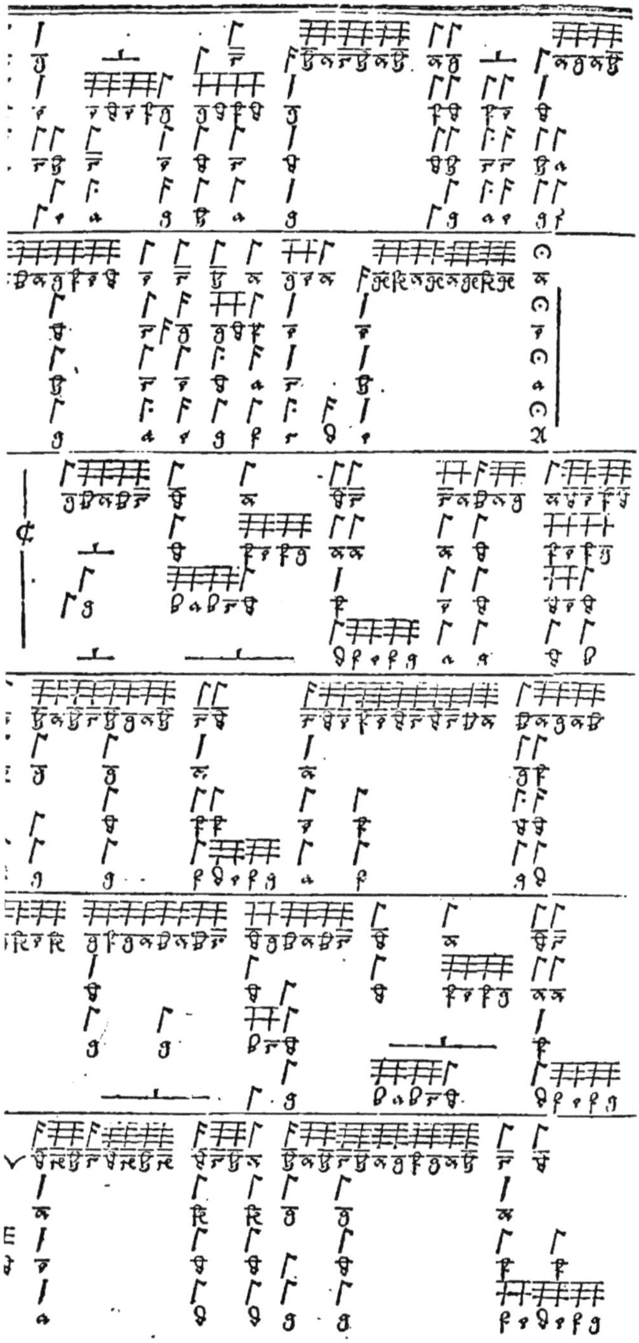

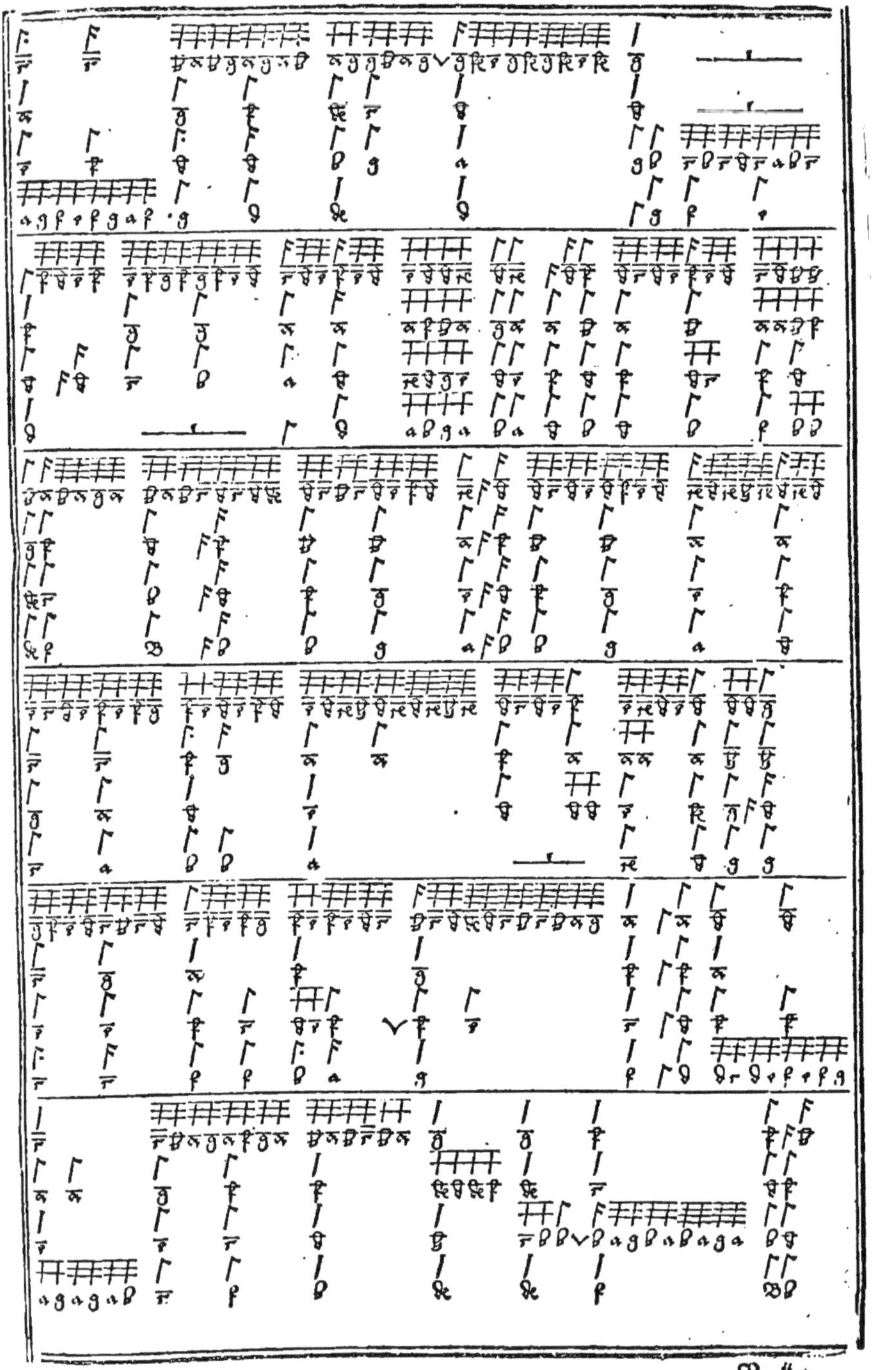

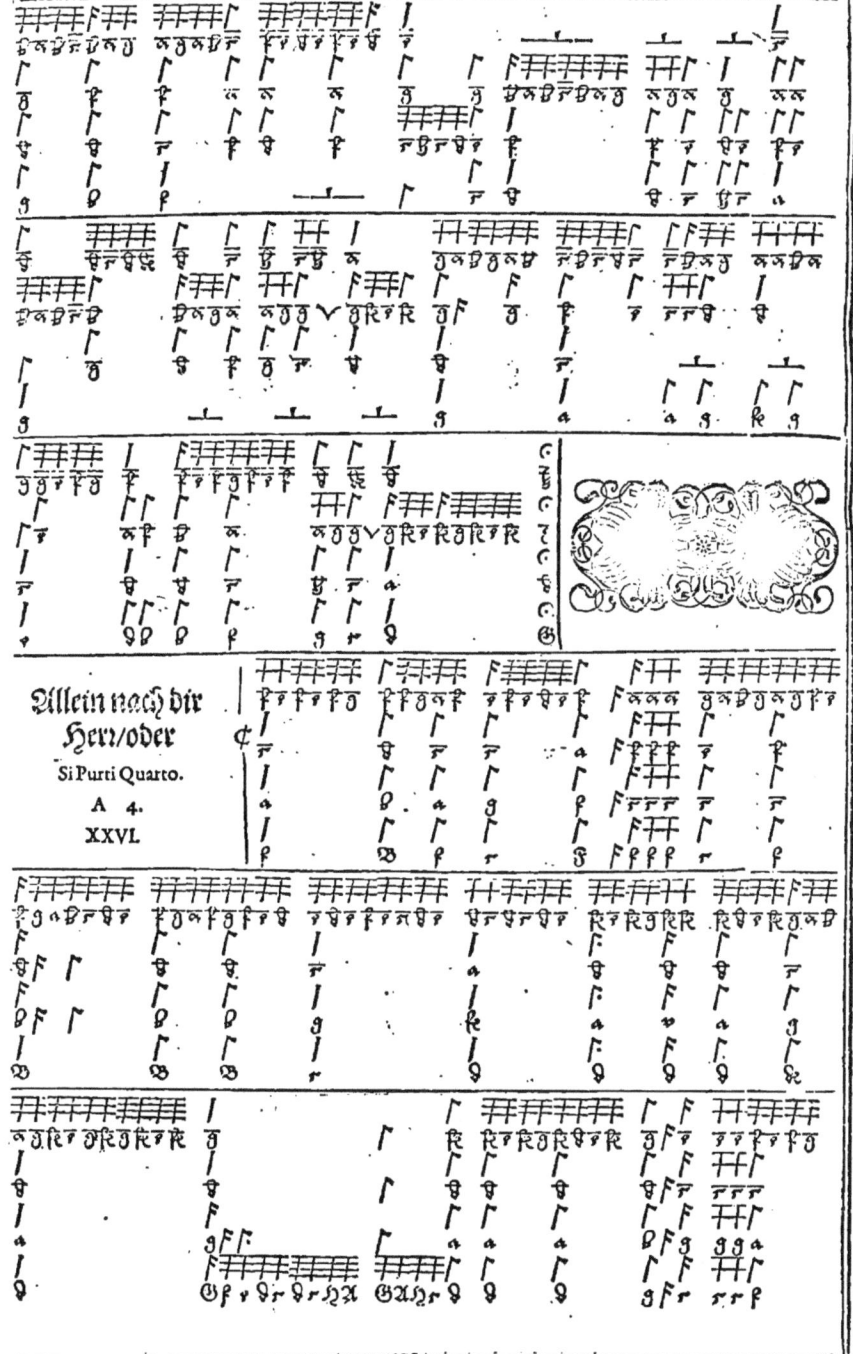

Allein nach dir
Herr/oder

Si Purti Quarto.

A 4.

XXVL

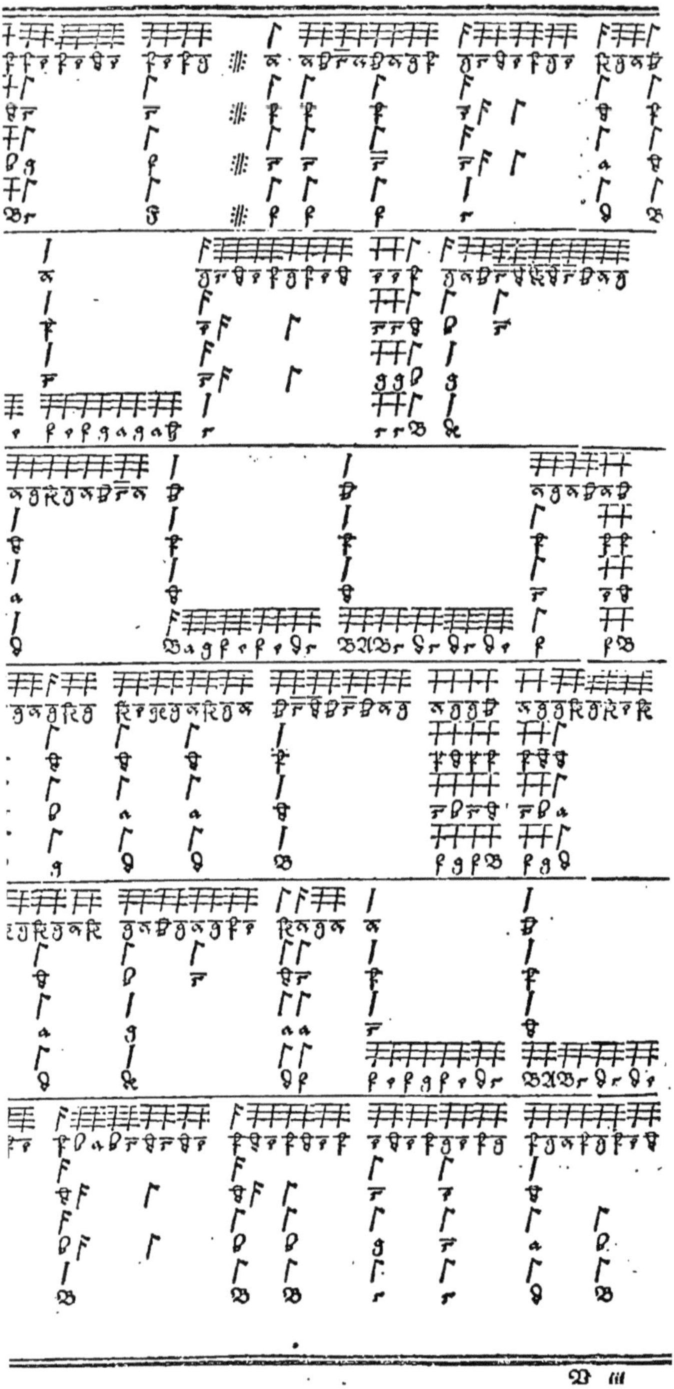

Wolauf gut
Geſel von
hinnen/ꝛc
Melandus.
A. 4.
XXVII.

Wie schön Blüet
vns der Maye.
Jacobus Meil-
land.
A 4.
XXVIII.

Hernach folgen schöne Passomezo
Galliard vnd Teutsche
Dentz.

Paſsó-
mezo.

I.
XXIX.

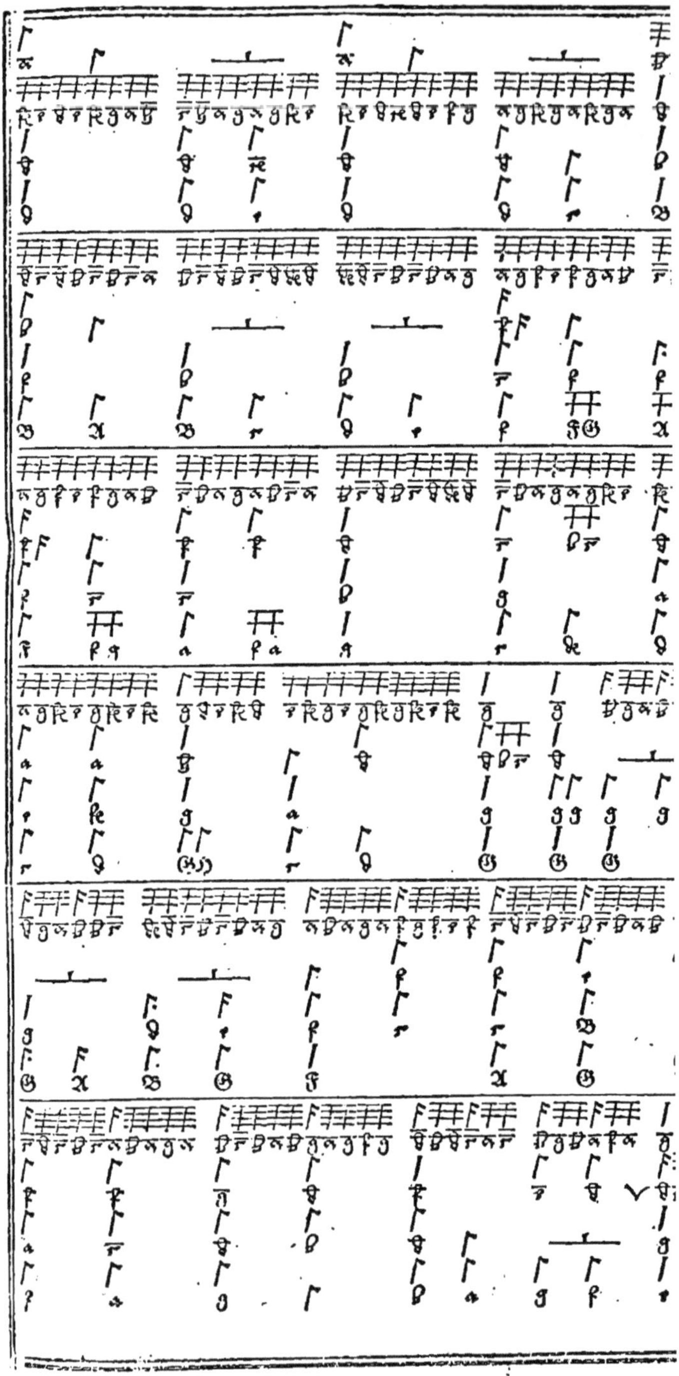

Ill suo saltarello.

Passome-
zo.

xxx.

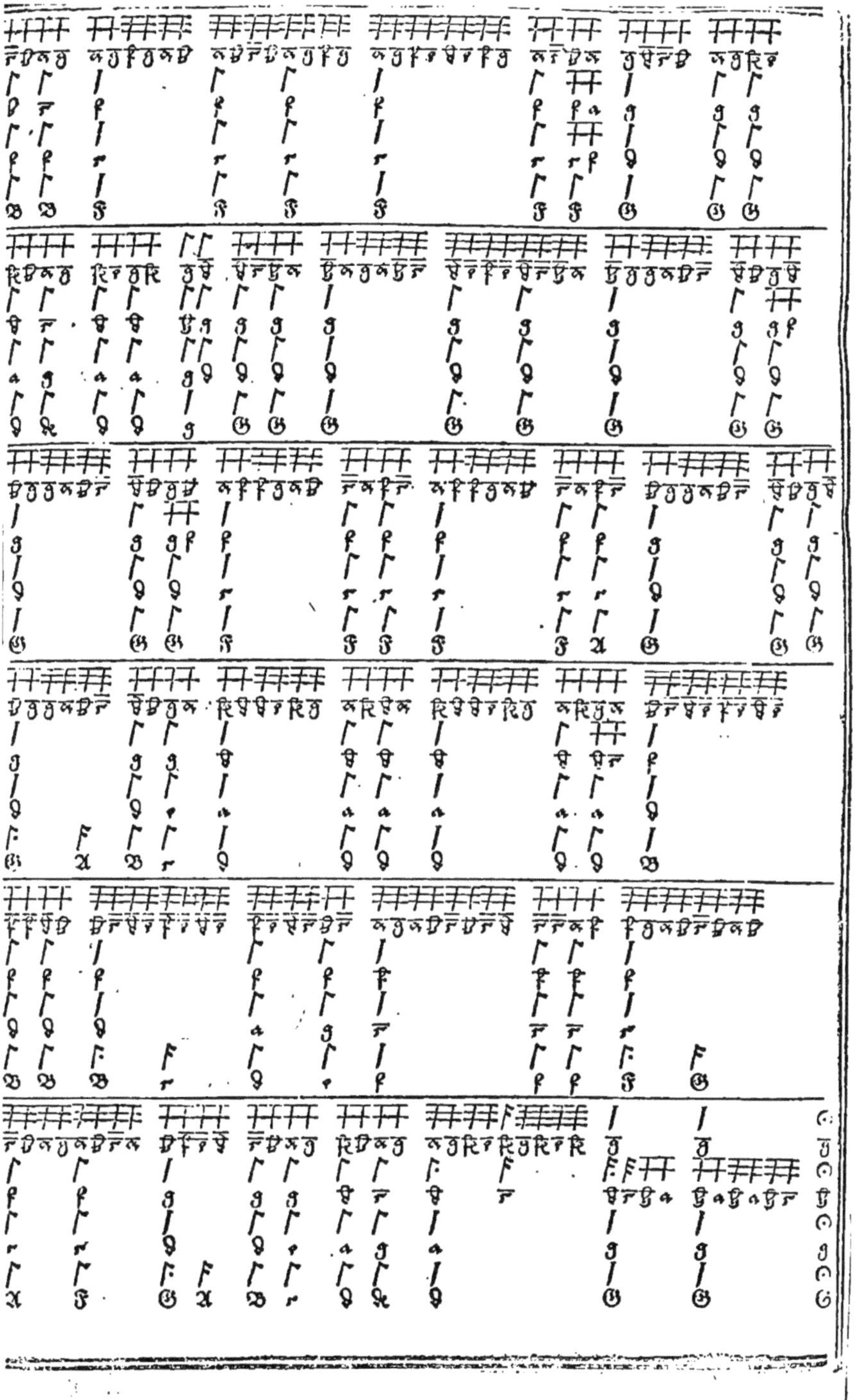

Ill suo
salta-
rello.

Passomezo
Comun.

3.
XXXI

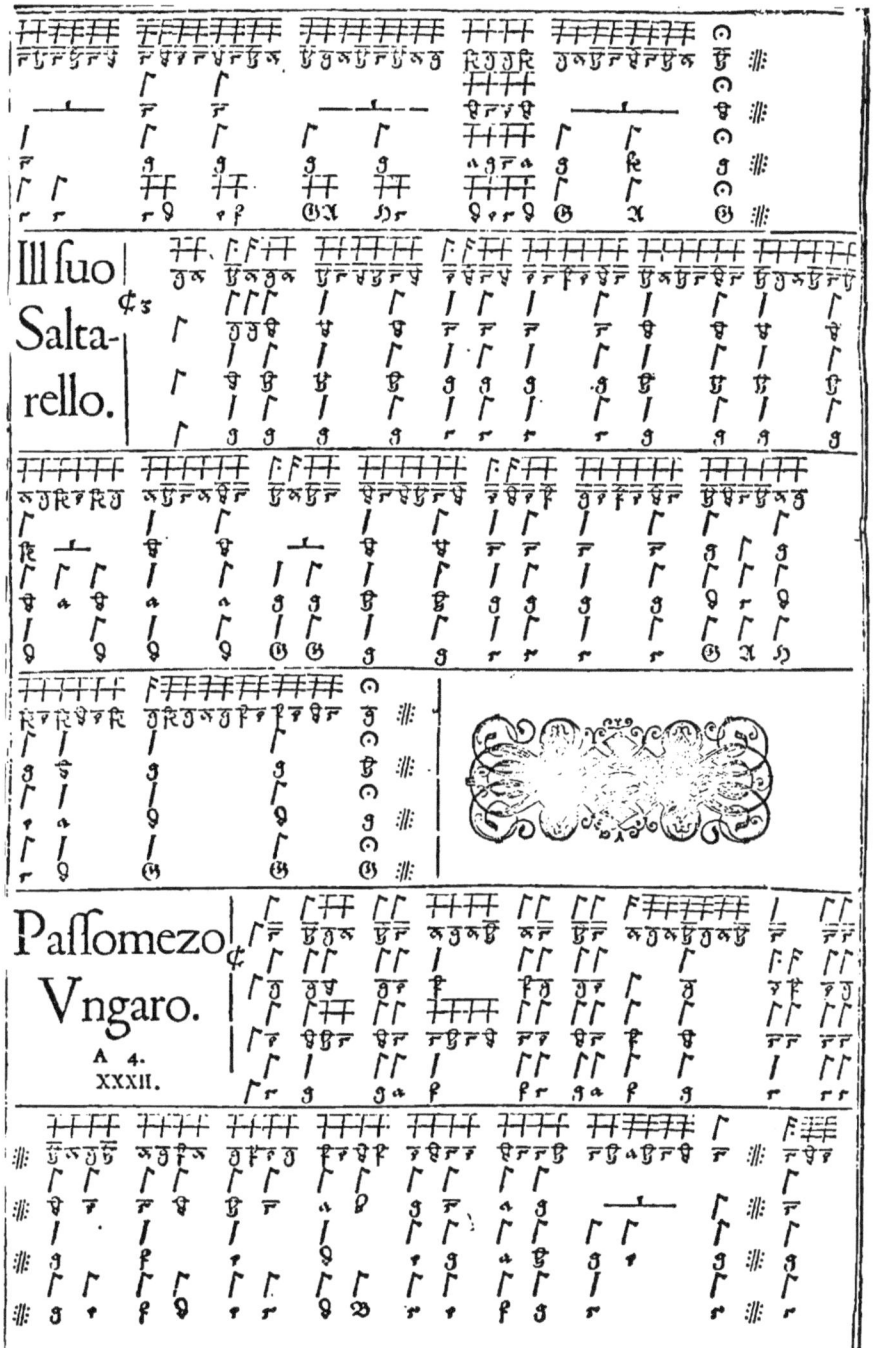

Ill suo Saltarello.

Passomezo Vngaro.

A 4.
XXXII.

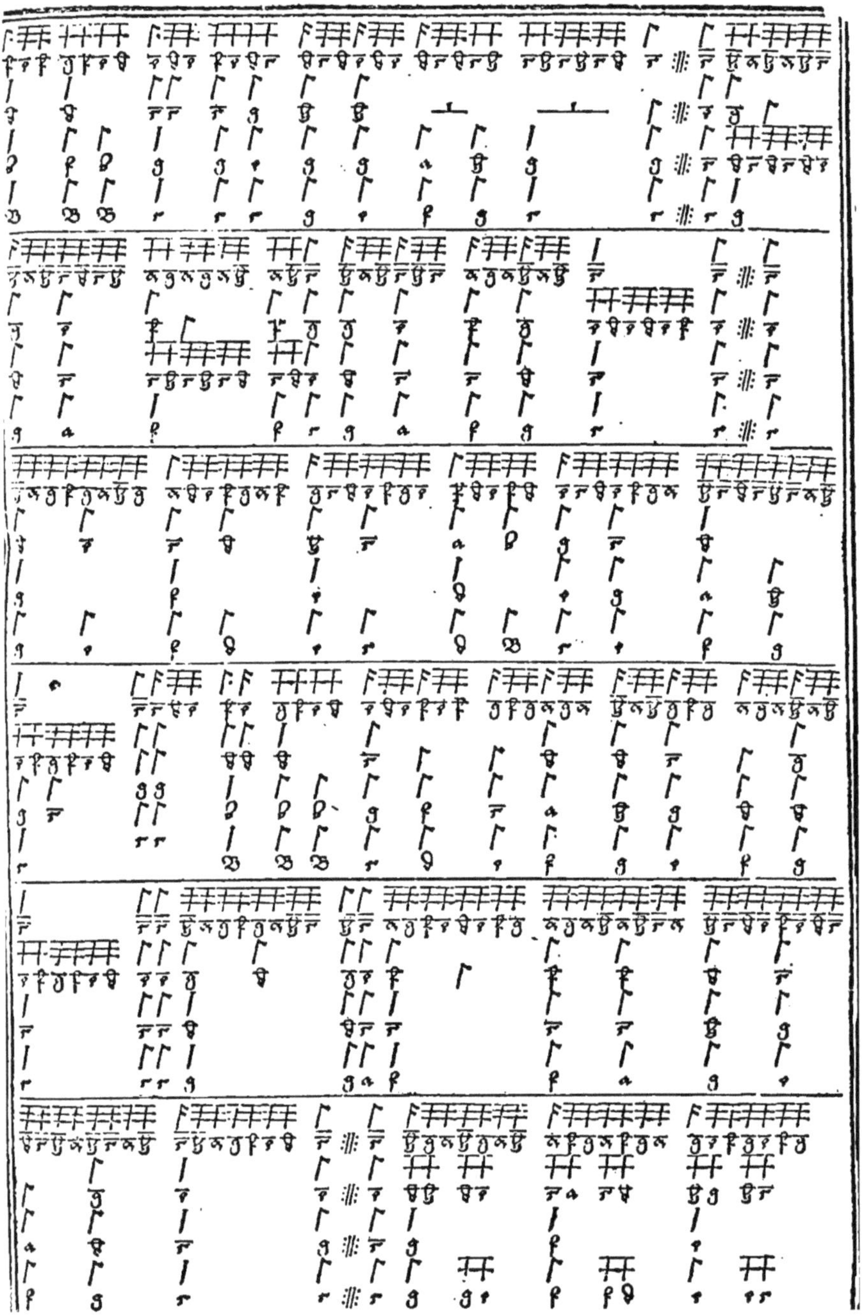

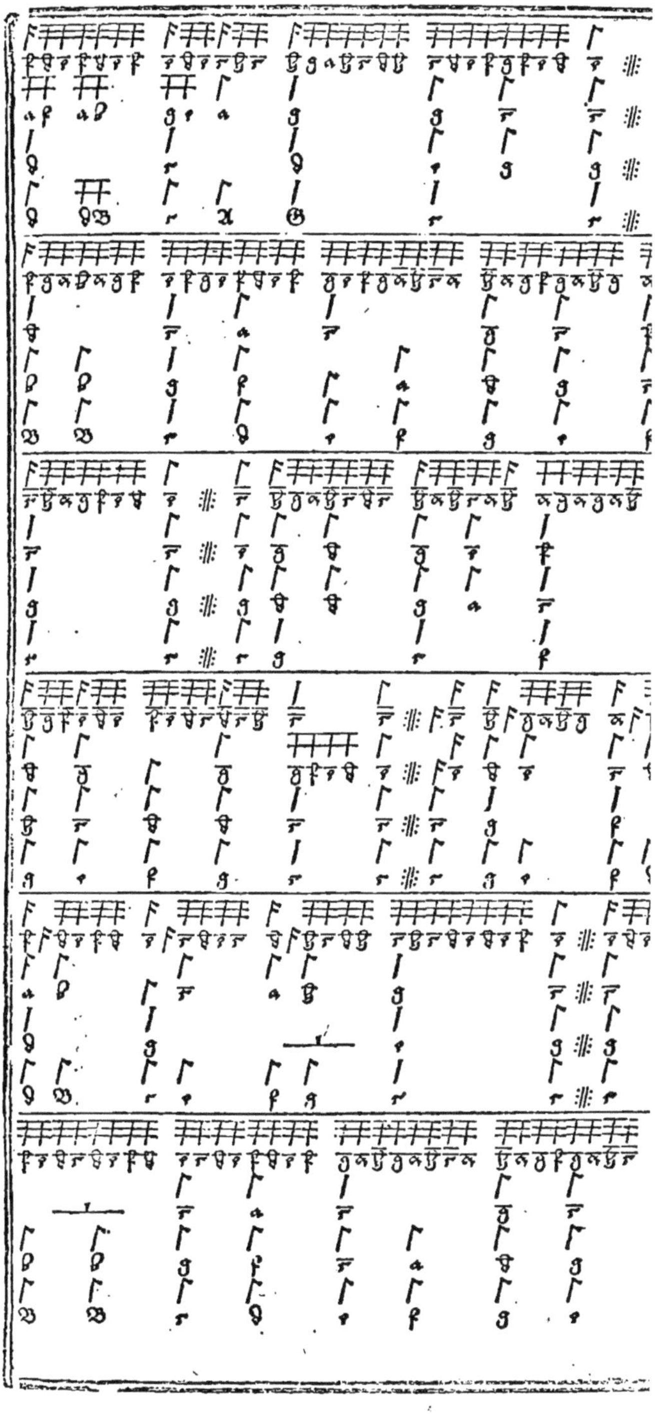

Saltarello suo.

Paſſomezo
Antìcho.

XXXIII.

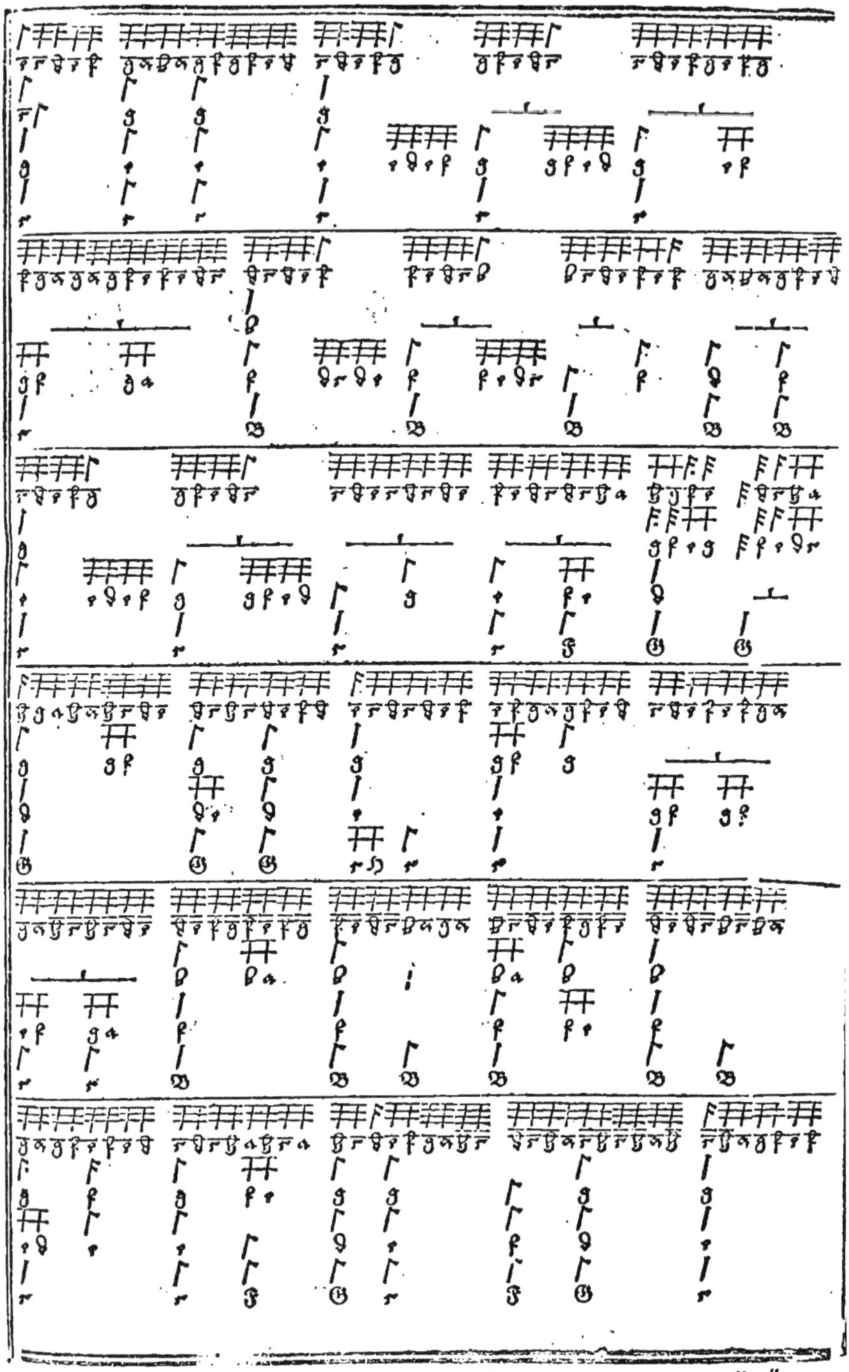

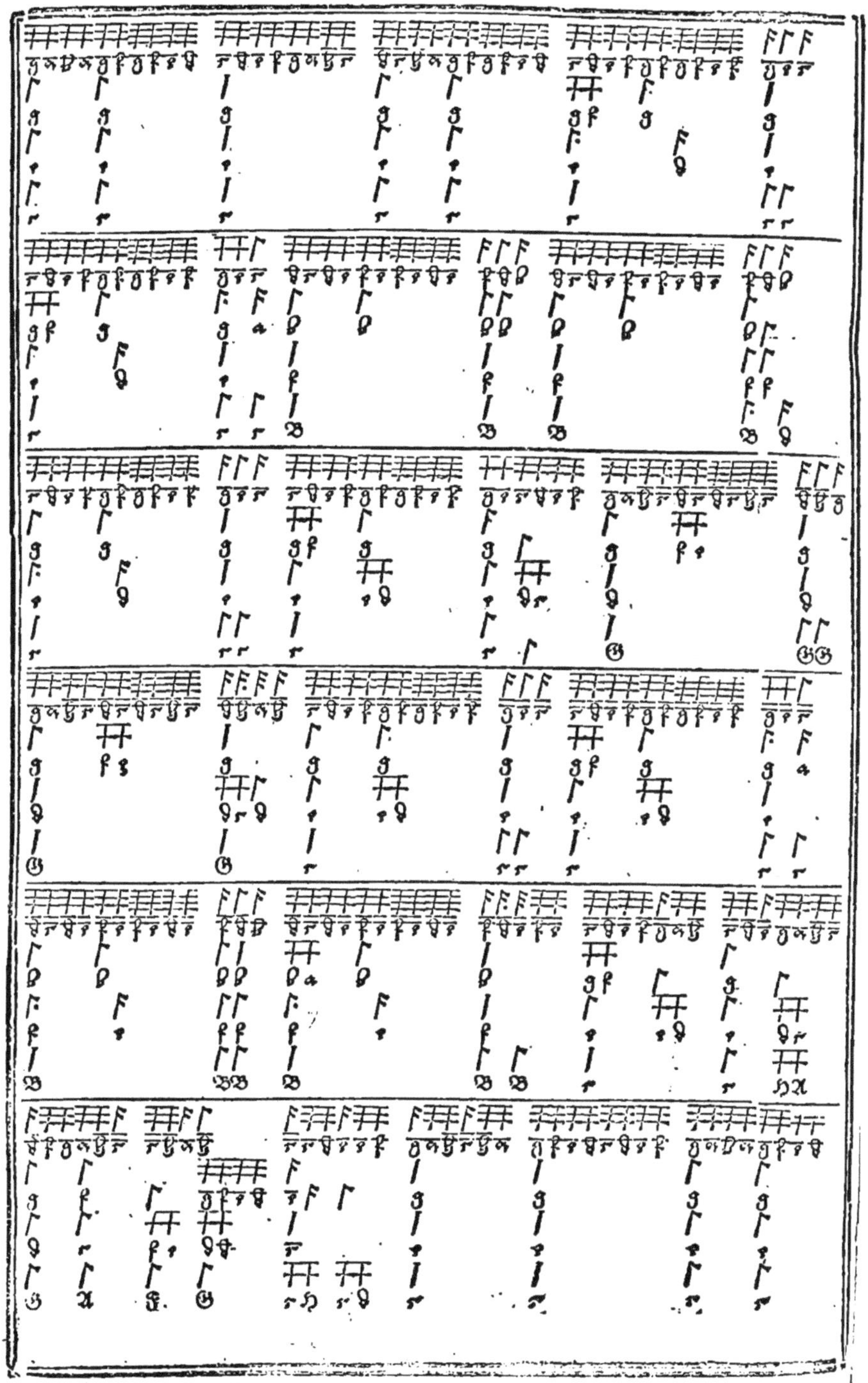

Ill ſuo
Salta-
rello

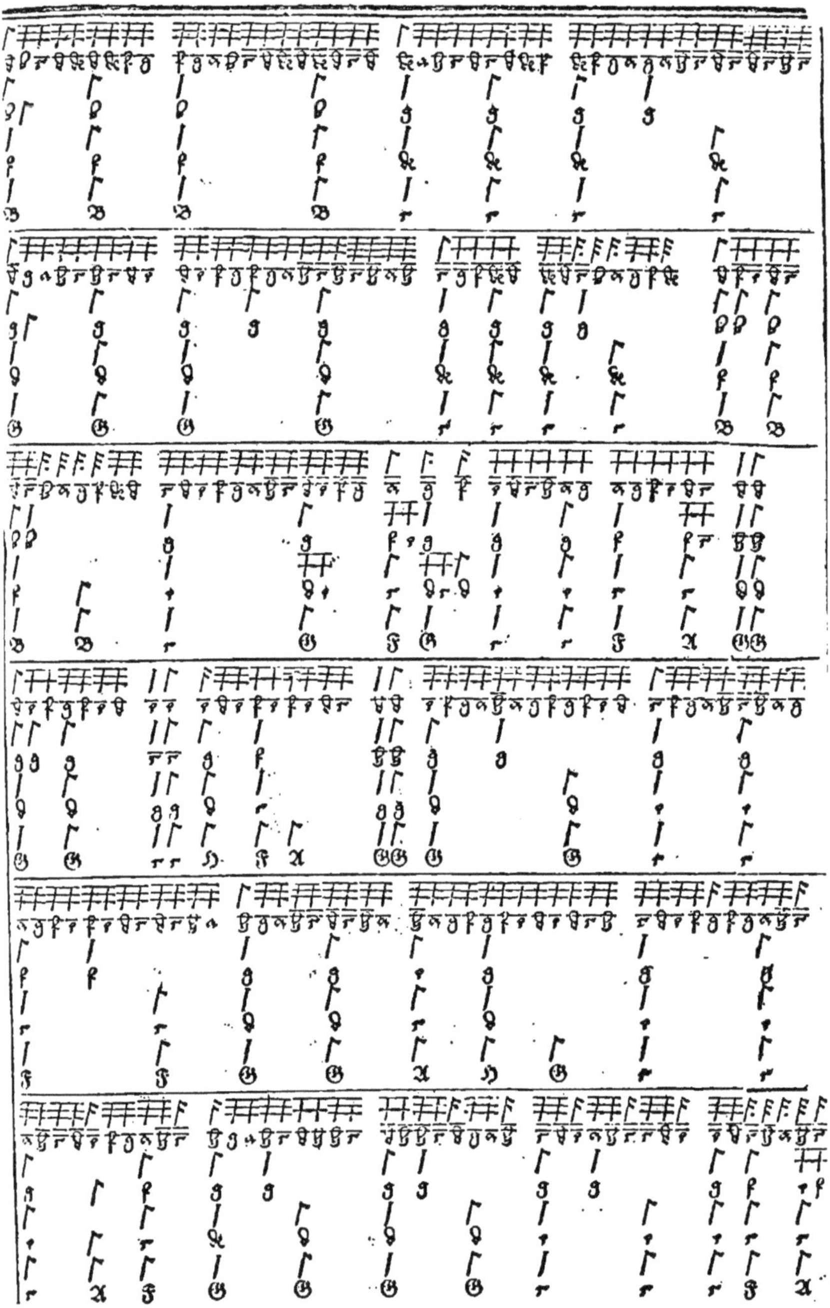

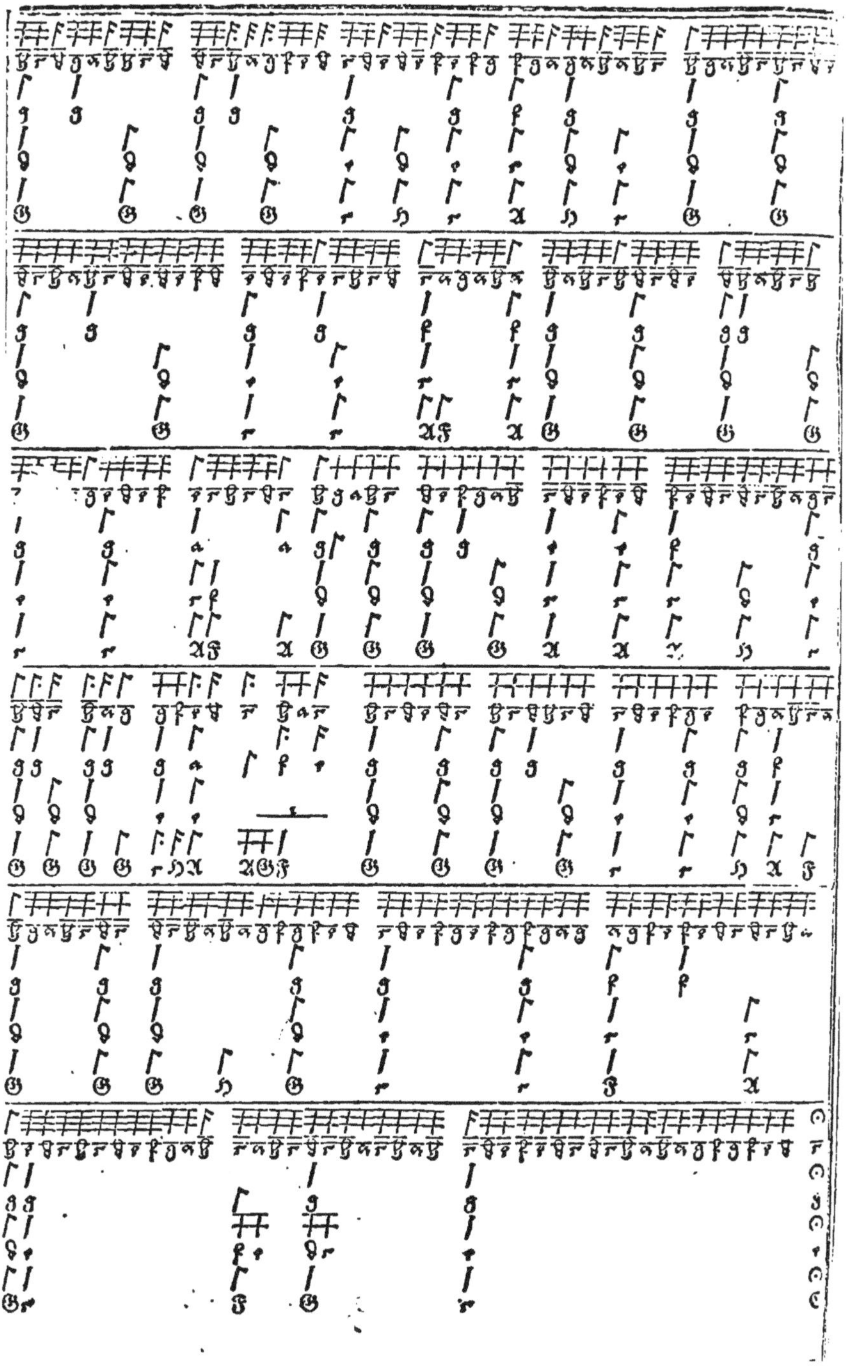

Galliarde

Des Admirals auß Franckreich.

XXXIIII.

Lute tablature for "Galliarde Des Admirals auß Franckreich" (No. XXXIIII).

Galli-
arda.

Francoise.
XXXV.

Ein schöner
Englischer
Dantz/ꝛc.

Ein Fürſtlicher
ſchöner Hof-
dantz.
L

Hupf
auff.

Ein guter Hof-
dantz.

II

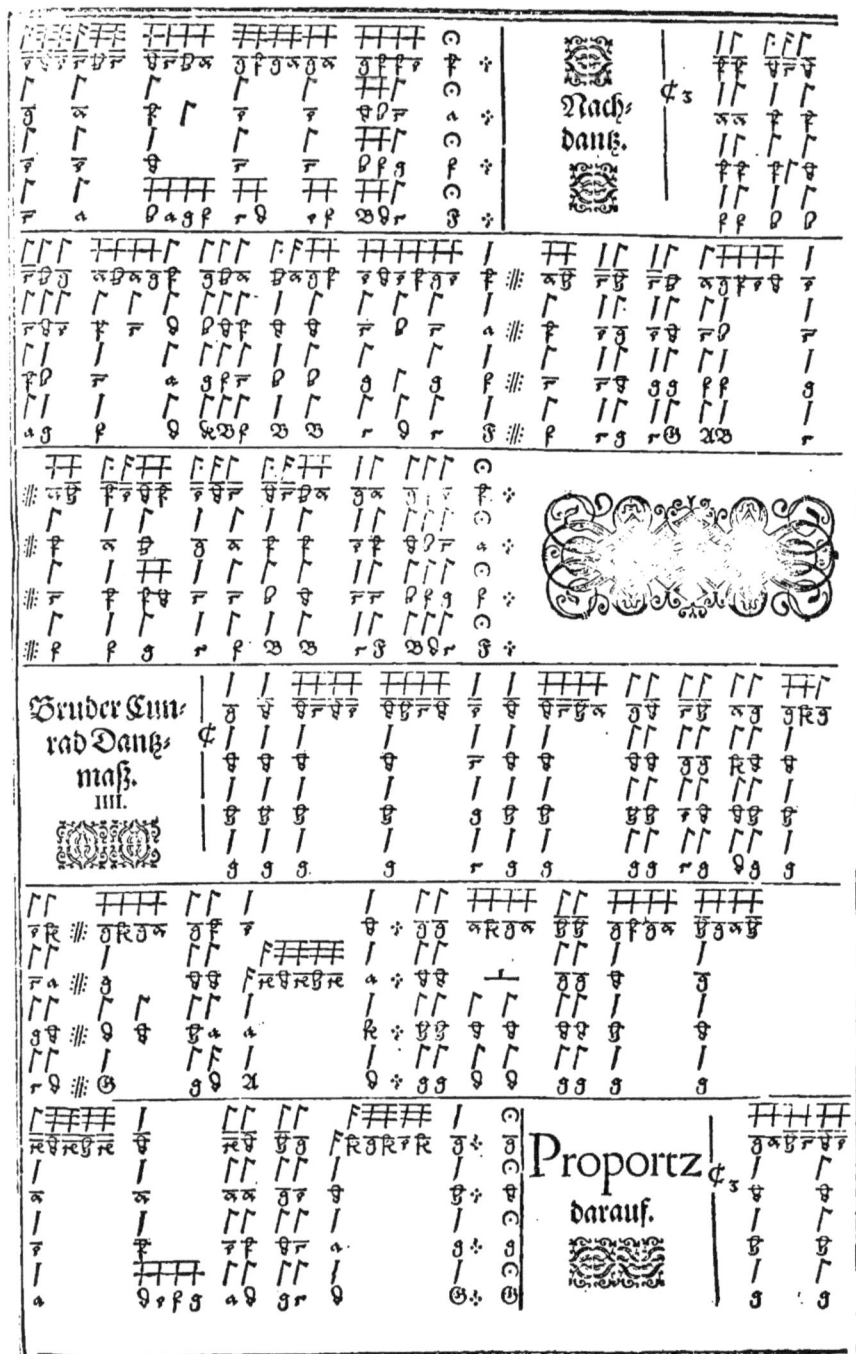

Nach-
dantz.

Bruder Cun-
rad Dantz-
maß.
IIII.

Proportz
darauf.

Der Imperial.
Ein Fürstlicher
Hofdantz.
IIII.

Der Hupf
auf.

Ein guter Dantz.
Man ledt vns
zu der Hoch=
zeit freud.

V.

Volget der Ho=
peldantz dar=
auf.

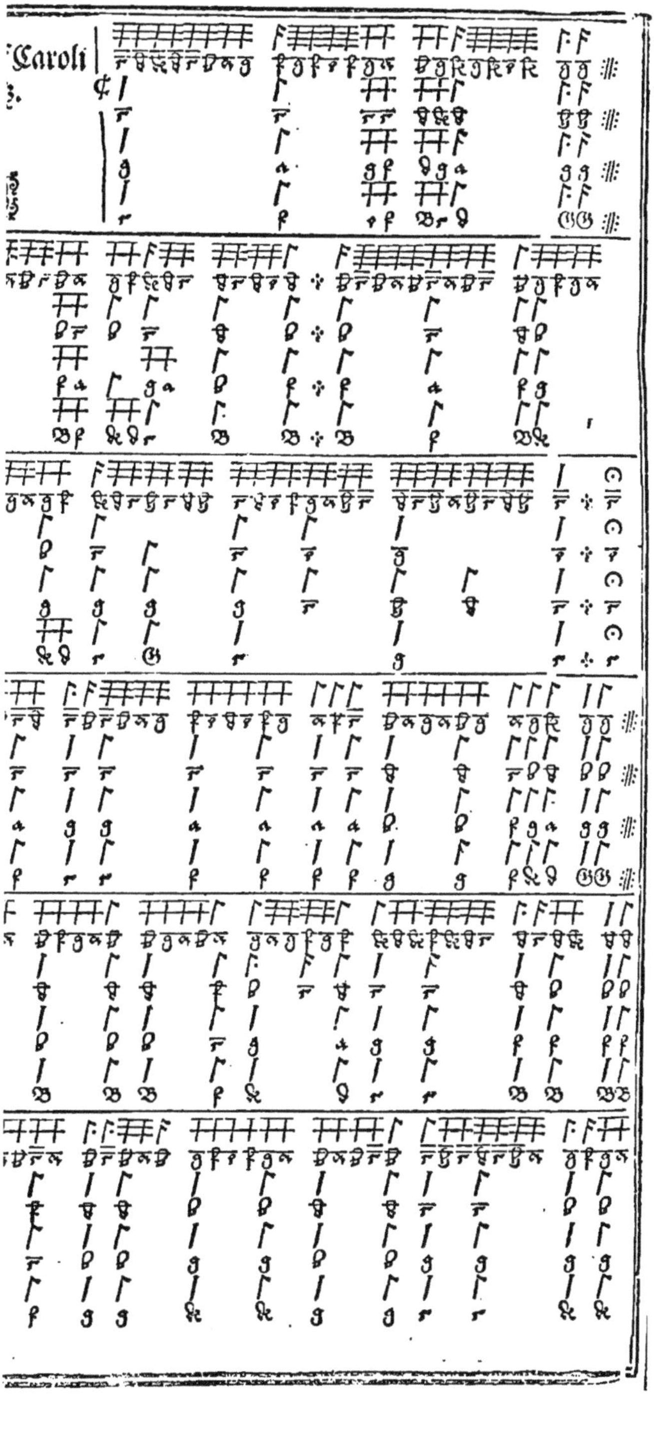
Caroli

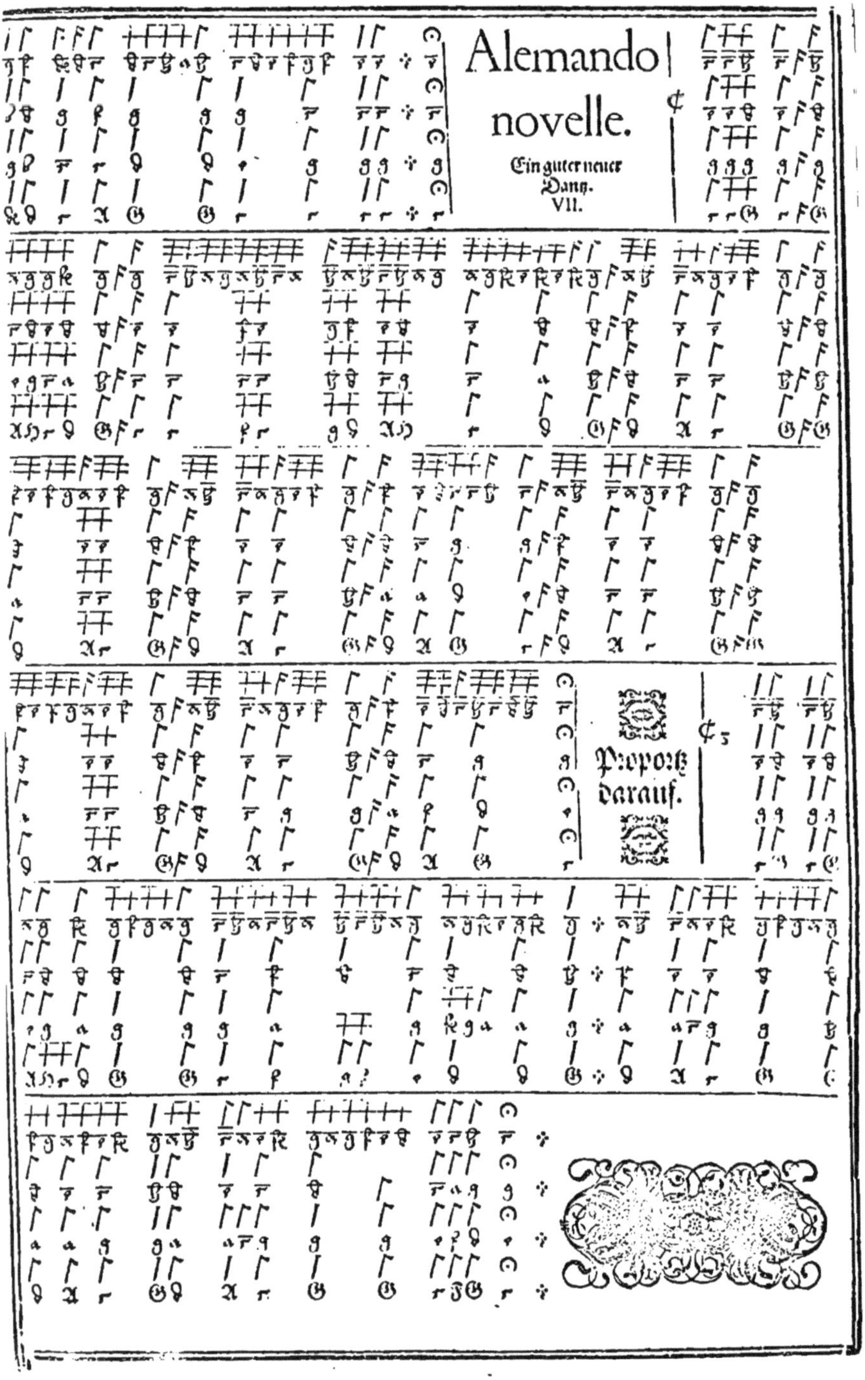
Alemando novelle.
Ein guter neuer Dantz.
VII.
Proportz darauff.

La volte du roy.

VIII.

La corante du roy.

Ein guter neuer
Dantz.
Du haſt mich
wöllen nem-
men.
I. P. O.
IX.

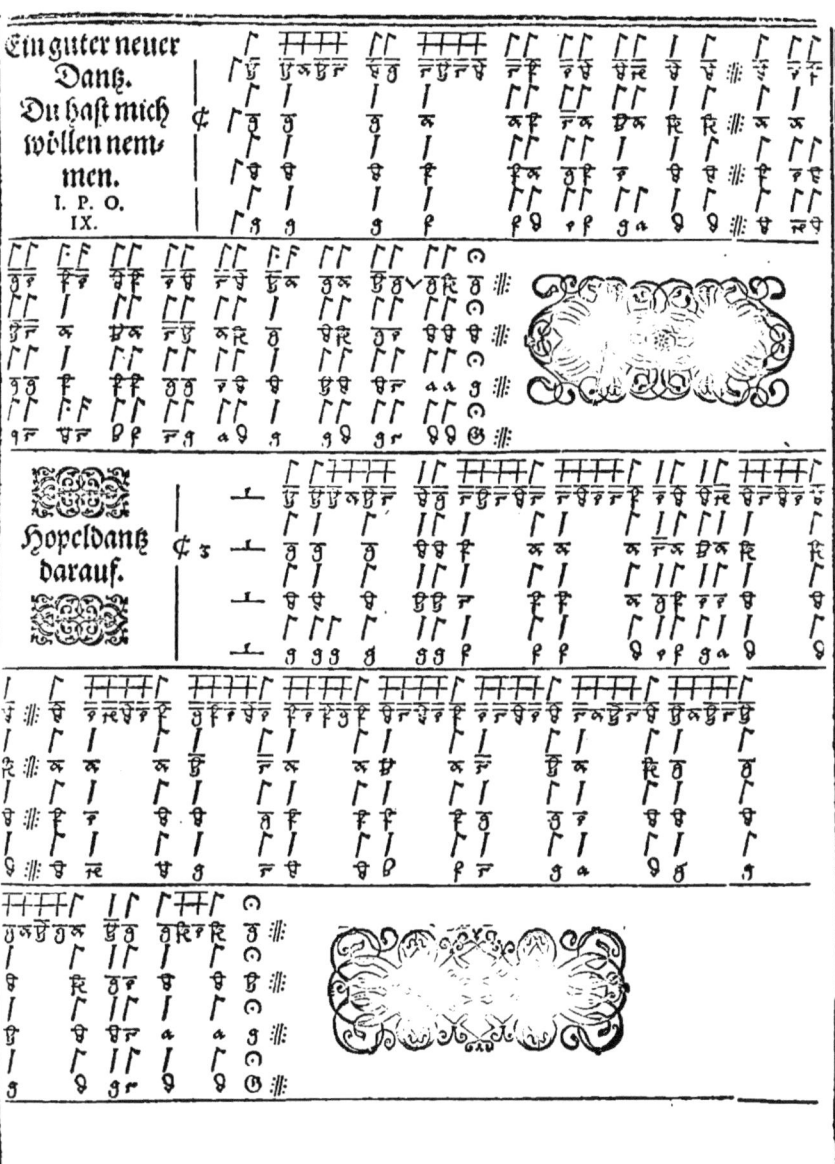

Hopeldantz
darauf.

Ende diſes Buchs: